JN106519

HANDBOOK OF TOP MANAGEMENT TEAM

未来を共創する 経営チームをつくる

Discover

(株)コーチ・エィ代表取締役社長
エグゼクティブコーチ
鈴木義幸

はじめに――会社は経営チームで決まる

「会社は社長で決まる」といいます。

ある意味、これは正しいのでしょう。しかし、20年以上にわたって企業のエグゼクティブをコーチングさせていただいた私の経験からは「会社は経営チームで決まる」といったほうが、より現実に合っていると思います。

経営チームのリーダーは社長です。もちろん、社長の役割はとても大きいのですが、社長を含む経営チームがチームとして機能しないと、会社が持続的に発展することは難しいのではないでしょうか。

実際、トップがひとりで全体を牽引しているように見える会社でも〝継続的な右肩上がり〟を実現している会社は、経営チームが〝チームになって〟います。単なる社長の独壇場ではありません。

一方、瞬間的には良くても、成長が続かなかったり、環境の急激な変化に弱い会社は少なくありません。そこでは多くの場合、経営チームがチームとして結束していないのです。そして、どちらの会社が多いかといえば後者。経営チームがチームとして機能していない会社の方がずっと多い。これが20年のエグゼクティブコーチングの経験から、私が強く感じていることです。

経営陣が〝チームになる〟と会社は変わる

経営チームがチームとしてうまく機能していないのに、そのことを問題視していない会社は、思いのほか多いのです。

経営チームがチームになることは、ひょっとすると会社の最重要課題であるにもかかわらず、経営者も役員も、そのことをあまり気に留めていない。

かわりに何を大切にしているのかといえば〝一人ひとりが自分の責任を果たすこと〟。「経営者・役員は、〝それぞれの職責〟をしっかり果たすことが大事である」――そう思っている経営者・役員はとても多いのです。

こうした認識に少しでも影響を与えたい。そう思って本書を執筆しました。

経営は〝こうすれば、こうなる〟などと、方程式で表せるようなものではありません。とても〝複雑なプロジェクト〟であると思います。

「経営チームのチーム力が増したら必ず経営が上向くのか？」と問われても「間違いなく」とは言い切れません。

しかし、私が関わった多くのプロジェクトでは、経営者・役員が、経営チームをチームとして昇華させるべく力を使いました。その結果、会社は、より〝自ら変化を起こすことのできる集団〟へと変貌しました。

経営チームがチームになることで、間違いなく、会社の〝変わる力〟は高まるように思います。そのことを、本書を通して多くの人に伝えたいと思っています。

チームの一員であるすべての方に

もし読者のあなたが、現在、経営チームの一員であるのならば、自分のチームを思い浮かべながら、本書をお読みください。

● チームは、この瞬間どういう状態なのか？
● どういうチームに本当はしたいのか？
● そのためには何ができるのか？

本書が、あなたの経営チームの〝チーム力〟を高めるために、〝コーチ〟の役割を果たすことができたら、たいへんうれしく思います。

一方、もしあなたが今、経営チームのメンバーでないとしても、きっと何らかのチームの一員ではあるはずです。

チームメンバーそれぞれに意見があって、主張がある。それをチームとしてまとめるのが難しいと感じているのであれば、そんな方にも、本書はコーチの役割を果たすことができるのではないかと思います。

社長の本音――よい経営チームがほしい

話を経営チームのことに戻します。

私は世界最大規模のコーチングのプロフェッショナル・ファームであるコーチ・エィの一員として、過去20年以上にわたって、社長のコーチングを実施する機会を得てきました。社長がコーチングを受けることを決めてくださるとき、テーマとして掲げるのは、たいてい〝会社全体〟に関することです。

- イノベーションが起こる組織文化をつくり上げたい
- 社員一人ひとりの主体性を高めたい
- 多くのリーダーを開発したい

このようなテーマが最初に掲げられます。

ところが、実際にセッションが進行していくと、話は、日頃いちばん近くで働いている役員との関係性にフォーカスされていくケースが、多々あります。

ある時、ある社長が、ぼそっとおっしゃった一言は、今でも忘れることができません。

「よい経営チームが、喉から手が出るほどほしい」

ハイパフォーマーがチームになるのは難しい

私は、元ラガーマンで、今でもラグビーを観るのが大好きです。2019年ワールドカップにおける日本代表チームの躍進には心が躍りました。

代表チームが勝つと、通常監督の手腕に注目が集まります。しかし、実際には、代表チームは、多くのコーチを含む〝幹部チーム〟が牽引しています。

ラグビーであれば、フォワードコーチ、バックスコーチ、ストレングスコーチ（筋肉の効果的なつけ方のコーチ）、キッキングコーチ、スクラムコーチ、リーダーシップコーチ（キャプテンなどがいかにリーダーシップを発揮するかのコーチ）……。

実に多くのコーチが監督を支え、幹部チームを形成しています。実は、この幹部チームがチームになっていないと、全体としてのチームは強くなりません。

以前、あるラグビートップリーグの監督から、コーチングを依頼されたことがあります。聞くと、コーチには、ニュージーランド人、オーストラリア人、日本人がいる。それぞれに主張があり、なかなかコーチ陣がまとまらない。

特にニュージーランド人のコーチは「自分たちが世界一」という思いがあるから、日本人のコーチを下に見ている。さすがに監督である自分の言うことには首を縦に振るが、本心から同意があるのかはよくわからない。

監督として、なんとかこの幹部チームをまとめたいので、コーチしてもらえないだろうか――そんなご依頼でした。

多くの場合、会社の社長も、この監督と似たような課題を抱えています。

経営チームのメンバーは、厳しい競争を勝ち抜いて、役員に昇進した人々です。プライドがあり、一家言あります。自分の指導法がいちばんだと思っているニュージーランド人と何ら変わりません。

ハイパフォーマーの集団。それが経営チームです。

これをまとめ、チームとしてファンクションさせ、会社全体を牽引する存在にすることは、実はとても難しい。

役員にまでなった人たちですから、当然物事の道理がよくわかっていて、出るべきところは出て、控えるべきところは控えて、チームの一員として機能的にふるまえる〃はず〃だという思い込みが先行します。しかし、現実は必ずしもそうではありません。

私も、23年前にエグゼクティブコーチという仕事を始めるまでは、経営者・役員というのは、すばらしい人格者の集まりであり、自分の役割を常に把握し、適切なふるまいができる人だと思っていました。30歳の駆け出しのコーチからは、経営者というのはそんなふうに見えたものです。

もちろん、ある意味それは正解です。役員にまでなる人は、当然、力があり、魅力があり、きらりと光るものがある人々です。そうでなければ〃はしご〃をそこまで登ることはできないでしょう。

しかし、成功すればするほど、何を正しいと思うかという、信念も同時に強くなります。世の中の道理のようなものが、自分の中にしっかりと構築されていきます。

そんな人たちが集まったのが経営チームです。〝4番でピッチャー〟の集まり、あるいは全員が〝本田圭佑〟の集団のようなもの。それぞれの主張を携えています。

自分の主張を表面化させて、侃々諤々《かんかんがくがく》やり合うのであれば、まだチームとして構築されるのが早いかもしれません。しかし、日本の企業では、静かに内側で自分の考えを握りしめていることが多い。

そうすると先ほどの社長のひとこと「よい経営チームが、喉から手がでるほどほしい」につながるわけです。

組織もまた生命体である

『1兆ドルコーチ』（ダイヤモンド社）という本があります。

ビル・キャンベルというコーチが、Ｇｏｏｇｌｅがまだまだ小さい会社の時から、いかにＧｏｏｇｌｅの経営陣をコーチしてきたかを、この本の中に見て取ることができます。

ビル・キャンベル氏が、ひたすら経営陣に問いかけているのは、

「どうすればチームとしてやっていけるのか？」

「どうすれば一人ひとりが自分のエゴに基づいて仕事をするのではなく、おたがいのことに思いを寄せて、会社のことを考えて、チームとしてＧｏｏｇｌｅを牽引することができるのか？」

です。それを繰り返し、繰り返し問いかけています。

この本を読む限りにおいて、Ｇｏｏｇｌｅの驚異的な成功は〝経営陣がチームであること〟を片時も手放さなかったことによってもたらされたものであるように感じられます。

そもそも、組織というのは〝機械〟ではありません。

それぞれが、それぞれに〝性能〟を上げれば、全体としてパフォーマンスが上がるというものでもありません。

例えば、ＣＦＯ（最高財務責任者）の能力がもっと上がれば、Ｍ＆Ａが加速するとか、だめなら新しいＣＦＯに替えればいいとか、そういうものではないと思います。

組織というのは〝生命体〟であり、かつ〝二重生命〟としての特徴を明確に示す集団です。

人間の体は約60兆個の細胞でできあがっていると言われていますが、それぞれの細胞もそれぞれに生きていて、それぞれの生き死にがある。全体としての生命と、部分としての生命が複雑に絡み合っている――これが〝二重生命〟という考え方です。

同じように、組織の中には、たくさんの主観や価値観を持った、一人ひとりの人間がいて、その人間の相互作用、相互影響によって組織は形成されています。

ですから、そもそも経営者・役員を、単体として切り離しては考えられませんし、いかに一つの生命体としてファンクションするように結束させることができるか、ということが問われるのだと思うのです。

企業・スポーツ・病院・学校――すべての組織のために

先ほどラグビーの代表チームの話をしましたが、実は、どんな組織にも〝幹部チーム〟があります。

会社であれば経営チーム。

スポーツであれば監督とコーチからなるチーム。

病院であれば、院長、事務局長、各医局の部長先生からなるチーム。

学校であれば、校長、教頭、学年主任、教科主任で構成されるチーム。


例えば、大学生のスポーツチームを考えたときに、監督やコーチの下に学生たちからなるチームがあるわけですが、そのチームの中にも、また幹部チームがあります。主将、副将、主務、副主務、各ファンクションのリーダーからなる学生幹部チームです。

その組織がうまくいくかどうかは〝幹部チームが、いかにチームとして機能しているか〟によるところがとても大きいのです。

にもかかわらず、この幹部チームは最もチームにするのが難しく、また難しいがゆえに、チームにすることに正面から向かい合われがたい。これは経営チームと同じです。

本書は、私の専門であるエグゼクティブ・コーチングの経験から〝経営チームをいかにチームにできるか〟について書いています。

ですが、すべての組織の幹部チームに関わる方々が、幹部チームを結束させるためのお役に立てたら、とも思っています。

組織全体の成否を握る幹部チームが〝チームになる〟ことは、いくら強調してもし過ぎることのないくらい重要なことだと思っています。

本書は、読者のあなたにとって、できる限り〝コーチ〟としての役割を担えるように書きました。

自分のチームについて思いを馳せ、振り返り、そこでのメンバーとの関係に一歩でも二歩でも踏み出していただけたら、著者としてこれ以上の喜びはありません。

CONTENTS

経営チームをつくる

未来を共創する

はじめに——会社は経営チームで決まる

第1章 なぜ〝経営チームをつくる〟のは難しいのか

第2章 チームとは何か

第3章 チームの土台をつくる

第4章 チームを進化させる

第5章 強い経営チームをつくる個人とは

最後に――危機に陥ったときのリカバリー……243

第1章

なぜ“経営チームをつくる”のは難しいのか

Handbook of TOP MANAGEMENT TEAM

1-1 経営チームは〝4番でピッチャー〟の集団

世の中で〝チームになる〟ことが最も難しいチーム、それは、経営チームかもしれません。

どこまでの括りを経営チームというのかは、会社によってそれぞれでしょう。例えば、以下のようなパターンが想定されます。

- 取締役の集まり（いわゆるボード）
- 経営会議（取締役会に上程する前段階で、経営事項について議論する会議）のメンバー
- 執行責任を持つ執行役員全員

本書では、どれを経営チームというのか、具体的な定義は定めていません。

もし、あなたが社長であれば、社長として、

「自分のチームは誰だ？」

「誰とこの会社を経営しているんだ？」

と問いかけたときに、思い浮かぶメンバーの集団が、経営チームと言ってよいでしょう。

あなたが社長でないとすると、

「うちの会社を牽引している経営チームとは、誰と誰で構成されているのだろう？」

と想像して、なんとなく浮かんだメンバーをイメージしていただければ、それで十分です。


さて、そのチーム、あなたの会社の経営チームは、うまくいっていますか？

「うまくいっていないでしょう」と言いたいわけではありません。ただ、23年間エグゼクティブコーチという仕事を続けてきて〝経営チームが、本当の意味でチームになるのは、とても難しいことである〟と感じています。

なぜ難しいのでしょうか。

経営チームに入れるのは400人に1人!?

通常、経営チームというのは役員（ここで言う役員は、取締役・執行役員を兼任している取締役、執行役員すべてを含む言葉として使っています。社外取締役は含んでいません）で構成されています。役員に選ばれることがどれくらい大変なことか。ここでは大企業をイメージして、試算してみましょう。

仮に、同期が1000人いるとして、51歳から60歳の中から、10人が役員に選出されるとします。そして、10年間で何人が役員になるのかを考えてみます。

- 母数は、10年間で1万人〈1000人（1期）×10期〉。
- 改選期は2年に1回。その度に、3割が入れ替わると仮定。
  2年毎に3人（10人の3割）が新しく役員となる。10年間では、15人が（5回の改選で）新しく役員に登用される。
- 合計25人（最初の10人＋新たな15人）が10年間で役員になる。

つまり1万人の母数に対して、25人が役員になるということ。400人に1人、確率0・25パーセントの〝狭き門〟です。簡略化した計算ですから、あくまでも目安です。この数字は企業によって変わるでしょう。

いずれにしても、この試算でお伝えしたいのは〝大企業で経営チームのメンバーになるには、とてつもなく激しい競争を勝ち抜かないと実現しない〟ということです。

「競争に勝ち抜いて、そのポジションに就こう！」と思っている人ばかりではありません し、同期の中には、途中で退社する人もいるでしょう。逆に、新たに中途入社で、外から加わる人もいるでしょう。

それでも、非常に厳しい選抜が起こっていることには違いありません。

こうした選抜を経て、役員となり、経営チームに入った人です。

自負もあれば、自信もあれば、信条もあれば、一家言もある。もちろん欲もある。野球で言えば〝4番でピッチャー〟の集まりのようなチーム、それが経営チームなのです。

何も大企業ばかりではありません。

一般論として、スタートアップ企業でも、経営チームに入ってくる人の多くは〝高い学位があり、実績があり、力がある人〟です。その会社の中での競争はぐらなかったかもしれませんが、やはりつわものの集団なのです。

〝全員が本田圭佑〟のチームは可能か

自我の強い、ハイパフォーマーの集団をチームにすることは、簡単ではありません。サッカーでたとえるなら「どうすれば、本田圭佑ばかりの集団をチームにできるか？」ということだと思います。

企業の場合は、経理・財務、品質管理、法務・コンプライアンスなど、どちらかと言えば守りを固める役割の人がいます。一方で、企画、技術開発、マーケティングなど、攻めの役割があったりします。ですから、役割は分化していて、チームにはバランスが存在するように思えるかもしれません。

しかし、役割がどうであったとしてもやはり、強い自負と責任感、そして〝選ばれた〟という意識を、多くの役員が持っています。

ですから、簡単に他の役員の意見になびいたりはしません。時には社長の意見にも。表向きはどのように見せていたとしても、内側ではそんなに簡単になびいてはいない。なんといっても0・25パーセントの人たちですから。内側はみんなどこか〝本田圭佑〟なのですから。

だから、難しいのです。チームにするのが。

でなければこんなに多くの社長が、コーチングセッションの時に本音をあらわにして、こうは語らないでしょう。

「喉から手が出るほどほしいですよ。いい経営チームが」と。

Handbook of TOP MANAGEMENT TEAM

1-2 日本企業で経営チームをつくるのが難しい理由

特に、日本の企業では経営チームをつくるのが難しいように思います。

そもそも、チームの中に対立が生まれやすい要因がたくさんあるからです。

もちろん、対立すること自体は、創造に向けたステップですから、悪いことではありません。ここで言う対立とは、何かを生み出すためというより、それぞれのエゴがむき出しになってしまうような対立です。

昨今、指名委員会を設け、より幅広い外部からの視点も加えて、次のトップを決めようとする企業が増えてきました。

それでも、やはり次の社長を決めるのは、多くの場合、社長です。

指名委員会も、社長の意向に対してお墨付きを与える諮問機関となっていることがほとんどのように思います。

社長の意向に対して異を唱え、侃々諤々の議論がまきおこるということは、私の見聞きする限り、現実にはほとんど起きていません。

指名委員会がない場合は、最後の最後まで人選は社長の胸の内。ある日、誰かが呼び出され、「次は君に任せる」。以上。そんな禅譲も決して珍しくありません。

長年行われている慣行ですから、それはそれでうまくいっている面も、たくさんあるでしょう。

「この人から自分は選んでもらえた。それならばがんばろう」と意気に感じることもあるでしょう。

外部の委員が、適切に判断するのは難しく、結局、本当に会社のことをよくわかっている内部の人（つまり社長）が選ぶのが、やはり良い選択ができるということもあるでしょう。

次の社長を選んだ前社長が「次を任せると決めたんだから、任せる」と、さっと会社から身を引くのであれば、それでもよいと思うのです。

新社長とは物足りなく見えるもの

以前エグゼクティブ・コーチングをしていた食品会社のCEOは、創業者である父親から、社長の座を譲られたときに、こう言われたそうです。

「これからは全部お前に任せる。そのかわり、つまらない経営はするな」

「合議制にすると会社が面白くなくなる。意見は聞いてもいいが、お前がすべて決めろ。頼んだぞ」

これだけ言い残して父である創業者は会社を去った。その後、一切口出しはしなかったそうです。

ですが、これはおそらく例外中の例外です。

アメリカの企業では、CEOが退任すると、創業者でない限りたいていの場合は、会社に残ることさえしません。取締役の一人として残ったとしても、執行に日々口を出すことはありません。

ところが日本の場合は、前社長は新会長になります。これが問題となります。新会長からすると、どうしても新社長は物足りなく見えます。

そもそも、新社長は初日からいきなり〝社長〟になれるわけではありません。私が過去にエグゼクティブ・コーチングを実施させていただいた社長の多くは〝社長になる〟のに1年はかかったと言います。2年目からようやく地に足が着いた感じがしたと。

そもそも〝社長の教科書〟があるわけではありません。社長という役割を引き受けて、そこから試行錯誤しながら、だんだん〝社長〟になっていくわけです。

新会長となった前社長も「自分が社長になりたてのときはどうだったか」など忘れています。ですから、とても物足りなく見えるし、はがゆく感じるのです。

物足りなければ「物足りない」と正面切って伝えればいいと思うのです。ところが、ここは大人の対応なのか、なんなのか、まず正面からは言いません。

ある製造業の新会長は、新社長が社員に対して発するメッセージが気に入らず、発信するたびに、その内容に赤を入れ苦言を呈しました。

しかも、新会長→新会長の秘書→新社長の秘書→新社長というルートで、です。

部屋は隣なのに、おたがいが相手のドアをノックすることはどんどん少なくなっていき、新会長と新社長の関係は冷え切っていきました。新会長の影響は、他の執行役員にも及びはじめて……。あとは想像にお任せします。

新社長と〝抜かれた役員〟の難しい関係

新会長と新社長は、常に火種を抱えて船出をします。

さらに難しいのが、新社長が何人もの先輩役員を〝抜いた〟ケースです。「史上初の12人抜き！」そんな見出しが経済新聞に踊ることもあります。

外から見れば、年功序列を意に介さない〝先進的な企業〟ということになるわけですが、内側では、事はそう〝かっこよく〟は運びません。

〝抜かれた役員〟が前社長と一斉に退くのであればいいでしょう。

ホワイトハウスでは、政権が共和党から民主党に変わると、その下も一斉に入れ替わります。新大統領は、自分の閣僚やスタッフを自分で選ぶわけです。

米国では、企業でもこれに近いことが時として起きますが、少なくとも日本の上場企業ではまず起きません。

新社長の目の前には、全員とは言わずとも、前社長に仕えた〝抜かれた役員〟がずらっと座るわけです。

想像してみてください。そんなに簡単にチームになれるわけがありません。

「あいつは本当に優秀だ。よし明日から気持ちを切り替えて、あいつを盛り立てていこう！」

0・25パーセントの人たちは、簡単にそんなふうに思ったりはしないのです。

〝抜かれた人〟のことを悪く言いたいのではありません。人の気持ちはそういうものだと思うのです（もちろん、心から「新社長を応援しよう！」という人も何人もいると思いますが……）。

新社長を発表する前に、前社長が一人ひとりの役員と膝を突き合わせて話し「なぜ彼なのか」を丁寧に説明し「彼を支えてほしい」と心から伝えれば、少しは状況は変わるかもしれません。

しかし、実際には、そのような手間が取られることはまれです。

全役員がそろったところで、

「次は○○君に社長を任せる、みんなで彼（彼女）を盛り立ててしっかりやっていってほしい」以上。

〝決まったことには従ってくれ。それが企業人だ〟という暗黙の要請がそこにはあります。しかし、人の気持ちは、深いところでは、そうは簡単に整理されません。

ある電子機器の会社では、新社長が生まれて、丸2年経っても「なんであの人が社長なんだ」という声が役員の間で消えませんでした。私がお話を伺った役員からは「少なくとも半数の役員に、今でもそういう声がある」と聞きました。

それが本当だとすれば、2年間は、チームになっていないわけです。丸2年です。小さい会社ではありません。売上1兆円近い会社です。そうした大企業の、会社全体に大きな責任を負っている経営チームが、チームになっていない。

社長は「3年の役員改選期まであと1年だ」と、新しい役員を選べるタイミングがやってくるのを、指折り数えて待っている――。

こういう話を聞くたびに「もっと違う経営チームとして、スタートを切れなかったのだろうか」と思うのです。

責任範囲が不明瞭な役員制度

もうひとつの経営チームをつくるのが難しい〝日本企業の事情〟を挙げるとすると、同じ役位の人たちの〝管掌領域の不明瞭さ〟があります。

例えば、日本企業には、常務執行役員という人がたくさんいることがあります。事業本部を統括している執行役員（執行役員までで事業は括れているわけです）の上に常務執行役員、さらにその上に専務執行役員、ときに副社長執行役員もいます。

こうなると〝常務、専務は何に対して責任を持つのか〟があいまいになります。

もちろん、役員一覧には「○○担当常務」と書かれてはいます。しかし、欧米企業ほど、明確にジョブディスクリプション（職務記述書）が定められているわけではありません。「なにかあれば気が付いた人間が対応しよう」といった前提があるからです。

ところが、例えば常務同士は、いわばライバルです。競っています。

間に落ちるものを自ら拾って、失敗するようなリスクを取ろうとしないことも多々あります。逆にそれを積極的に拾いにいって〝自分の得点に〟ということもあります。

いずれのケースも、関係性に少しの影が差すことになります。


もちろん、話してそこにある隙間を埋めて、良い関係性を築く役員もたくさんいるでしょう。


しかし、一方で、多くの部長や執行役員から、

「うちの常務と常務はあまり関係が良くないんだよね」

「専務と専務はあまりうまくいってないみたいなんですよね」

という話を少なからず聞きます。

その背景を見て行くと、関係性にネガティブな影響を与えうる役割のセッティングがあります。これも経営チームがチームになることを阻む要因であるように思います。

＊　＊　＊

ここまで否定的な指摘が多くなってしまったかもしれません。

日本企業を悪く言いたいわけではなく、こうした背景を考えると、日本企業で経営チームをつくるというのは、何気なくできることではなく、相応の時間を投資しないと難しい

ということをお伝えしたかったのです。


〝日本株式会社〟は、そもそもチームとしての船出の瞬間から多くの火種を抱えている。

火薬庫を載せて出港することが多々ある。

あなたの会社の経営チームはどうでしょうか？

Handbook of TOP MANAGEMENT TEAM

1-3 経営チームをつくるのは、スポーツの首脳陣チームより難しい

経営チームをつくるのがいかに難しいか。今度はスポーツでの監督やコーチからなる、いわゆる〝首脳陣チーム〟との比較で考えてみたいと思います。

話をわかりやすくするために、プロ野球を例にとります。

プロ野球のチームの目標は〝勝利〟〝優勝〟です。

当然、首脳陣チームの目標も、勝利と優勝です。その年勝てなければ「選手の育成には成功したんだ！」などと言ってもだめ。負けは負けです。

契約年はありますから、即解雇とはならないこともあるにせよ、毎年毎年、首脳陣チームには結果がはっきりとつきつけられます。

勝利という目標が達成できなければ、首脳陣チームは退陣となるのが基本です。首脳陣チームは結果に対して責任を負うわけです。

企業の勝ち負けとは、はっきりしないもの

一方、企業経営チームはどうか。

もちろん、その年の決算という結果は出ます。しかし、スポーツほど、決算で明解に勝ち負けが判定されるわけではありません。

企業にはＫＰＩと呼ばれる評価指標がたくさんあります。

売上、営業利益、経常利益、売上利益率、時価総額、自己資本比率、新しい商品をマーケットに出したかどうか、離職率、海外売上比率、在庫回転率、不良品率、Ｍ＆Ａの実績……。

「売上が目標に届いた！」だからいいのかというと、そう単純ではありません。

様々な視点から、企業は分析され、評価されます。そうすると、今年は、勝ったのか、負けたのか、野球ほどはっきりしないことになるわけです。

野球のチームが〝今年は負けた〟となれば、それは首脳陣チームの責任。首脳陣は総退陣。とてもシンプルです。

ラグビーでいえば、ワールドカップでベスト8がゴール。ベスト8に入れば、首脳陣チームは契約継続。入らなければ総入れ替え。

シンプル以外の何物でもありません。

ところが企業は、勝ったか負けたかが、そこまではっきりはしません。それが実は〝チームになる〟ことを難しくしています。

まず、何を基準に勝ち負けを判断するかがはっきりしていないということは、要するに全員で目指すものがはっきりしないということです。

そうするとチームとしてのまとまりをつくるのは、当然ながら難しい。スポーツのように「目標は優勝だ。一緒にがんばるぞ！」というように単純にはいきません。

さらには、目指すひとつの指標を、全員で共有しているわけではなく、指標がいくつかあるわけですから、ある指標を追っていた役員は認められ、別の指標を追っていた役員は評価されないということが起こります。

例えばラグビーならば、試合には負けたけれど、フォワードはがんばった。だから、フォワードコーチは賞賛される——ということは基本的にはありません（多少はあるかもしれませんが、経営チームで、ある指標を追っていた役員だけが認められ昇進するというほど明確なものではありません）。

企業経営の失敗は、経営トップが責められる

企業では、会社全体の指標（例えば売上）が悪く、いわゆる〝経営失敗〟ということになった場合、責められるのはトップです。そのときに「常務が悪かった」などと、役員が個別に責められることはあまりありません。

常務が事業部を担当していて、その事業部の業績が悪ければ、常務が責められるでしょうが、会社全体の指標が悪ければ、責任追及は基本的にはトップに向かいます。

もちろん、株主から取締役が追及されることもあります。しかし、批判の向かいどころは圧倒的にトップなのです。

ですからトップは、圧倒的な緊張感と責任意識で経営を進めるわけですが、他の役員は、トップほどではありません。

トップ以外の役員に責任意識がないというわけではなく、トップにならない限りトップの責任を体感することは現実難しいと思うのです。

だから、トップになった人の多くが、こう言います。

「こんなにもナンバー2とトップが違うものだとは思わなかった」と。

スポーツの場合も、負ければもちろん監督が（ファンやメディアから）非難されますが、監督が退けばコーチも退くわけです。

何度も言いますが、原則は総退陣です。

企業の場合は〝社長が辞めるから、役員も全員辞めます〟は、まずありません。

＊　＊　＊

ここまでをまとめてみます。

経営チームは、スポーツの首脳陣チームのように、メンバー全員でシンプルなゴールを目指しているわけではない。

それゆえに、一丸となりにくく、ある人だけが評価されるということが起こる。また場合によってはトップのみに非難が集中する、ということが発生しうる。

一見、一蓮托生のようでいて、実は経営チームは一蓮托生ではない。極端に言えば、呉越同舟のような部分さえあるわけです。

スポーツの首脳陣チームとの対比から考えると、いかに経営チームが〝チームになる〟ということが難しいかを実感していただけたのではないでしょうか。

Handbook of TOP MANAGEMENT TEAM

1-4 「わたしたちは良いチーム」という思い込み

さらにもうひとつ、経営チームをつくるのが難しい理由を挙げるとすると〝一部の人が「自分の経営チームは良いチームだ」と思い込んでいる〟ということがあります。

もちろん、本当の意味で〝良いチーム〟であればよいのですが、あくまで思い込み、といったケースも少なくありません。

ある証券会社の会長とお話しする機会がありました。

「経営チームをつくるのは大変に難しいですよね」という話をすると、

「他社さんでは、そうなんですかね。うちは役員同士、仲がいいですよ。なんでも話しますし。同じ釜の飯を食ってきましたからね。なあ、そうだろ?」

そういって、隣に座っていた人事の執行役員の方に、同意を求めました。

「……そうですね」

人事の方は明瞭に答えましたが、一瞬答える前に、間がありました。微妙に表情も堅かった。私にはそう見えました。

会長は、私にエグゼクティブ・コーチングを〝営業する隙〟を与えたくないのだろうか？　そう、一瞬思いました。

しかし、会長の表情のどこにもそうした〝守りの姿勢〟を見出すことはできませんでした。好々爺のような表情をたたえた会長は、心の底から〝自分たちの経営チームはうまくいっている〟と思っているようでした。

実は、会長にお会いする1か月ほど前に、同社の経営企画の部長とお会いしていました。部長は「どうも役員同士のコミュニケーションが良くない。経営会議での議論はとても活発に意見交換をしているという感じではないし、何かできないだろうか」

そんな相談を受けていました。

「一番力を持っているのは会長だけれども、会長に直接自分が話すのは難しい、何か手はないだろうか」とも。

たまたま会長をよくご存じの方を私が知っていて、その後、実現した会長との面談でした。ですから、会長の発言には、とても驚いたわけです。

オールドボーイズクラブ問題

なぜ、同じ社内で、これほど認識にギャップがあるのでしょうか。

〝オールドボーイズクラブ〟という表現があります。簡単に言えば〝気心知れた、昔からの男性の仲間の集団〟のことです。

「口にせずともわかっている。よせ、それ以上は言うな。わかっているから」

そんなセリフが飛び交いそうな雰囲気を持っている集団です。

オールドボーイズクラブでは、往々にして、コミュニケーションの型が決まっています。

別にどこかにルールが書いてあるわけではないのですが〝何を公に話して、何を話さないか〟について、暗黙の了解があるのです。

企業経営者が集まる経済団体も、オールドボーイズクラブの典型かもしれません。私も、ある経済団体に入っているのですが、懇親会での乾杯のご発声、スピーチ、会話の内容……は、毎回、驚くほど似通っています。

別に否定しているわけではなく、クラブとはそういうものなのでしょう。

型にはまったコミュニケーションは〝自分はそこに属している。クラブのメンバーだ〟というアイデンティティを高め、帰属意識のようなものを醸成します。

先ほどの証券会社の経営チームも、どうも聞いている限り、まさに〝オールドボーイズクラブ〟なわけです。

仲は悪くはないのでしょう。ただ、会議には〝暗黙の型〟があり、話し方も決まっている。

推察ですが、おそらく会長の発言に対して、役員の誰かが、異議を申し立てるというようなことはない。だからといって、会長が強権的な独裁君主なのかというと、そうではなくジェントルマンで良い人だと思われている。

ただ〝会長と議論する〟というのはそのクラブのコードにはないということです。

既得権益の上で長らくビジネスをしてきた会社の経営チームは、オールドボーイズクラブが結構多い――〝仲は良い。けれど、チームではない〟のです。

しかし、果たして、この変化の激しい経営環境の中で、クラブでいいのでしょうか。


一方で、別の金融会社の経営チーム。営業本部には5人の執行役員がいます。

その5人のトップに、会社史上初めて、女性が抜擢されました。

この方曰く、

「〝分かっているはずだ〟は、オールドボーイズクラブの幻想だと思います。そもそも私はクラブの一員ではないですし……。だからチームをつくりたい」


役員5人は毎朝8時に出社し、そして1時間話すそうです。

アジェンダを決めるわけでもないし、話す順番があるわけでもない。

ただ、とにかく毎日話す。

話すことによって、おたがいが考えていることが本当の意味で理解でき、距離が近づき、そしてチームになっていく。

今、そのチームは、次々に革新的なアイディアを打ち出しています。
御社の経営チームは、チームでしょうか？
それともクラブでしょうか？

本章のポイント

なぜ〝経営チームをつくる〟のは難しいのか

経営チームはハイパフォーマーの集団。〝選ばれた〟という強い自負と責任感を備えたメンバーが、真の意味で〝チームになる〟のは簡単なことではない。

前社長である会長と新社長の関係。〝抜かれた役員〟と新社長の関係。役員の管掌領域の不透明さ——。日本の組織は、多くの〝火種〟を抱えてスタートするケースが多い。

スポーツ組織には勝利という明確な指標が存在し、首脳陣は一蓮托生になりやすい。企業には複数の経営指標があり、一部の役員だけが評価されるケースがあることが、チームになることを難しくする。

オールドボーイズクラブ問題——型にはまったコミュニケーションに終始し仲は良いけれど、率直な議論ができない（しない）関係がチームになることを難しくする。

第2章

チームとは何か

Handbook of TOP MANAGEMENT TEAM

2-1 チームは〝チームとしての目標〟を持っている

前章では、経営チームが〝チームになる〟のは、なぜ難しいのかについて論じてきました。この章では「そもそもチームとは何なのか？」について改めて考えてみたいと思います。

前章の最後で、チームはクラブとは違うと書きました。

そこで、まずはいわゆるクラブ（ロータリークラブなどの社交団体をイメージしていただけるとわかりやすいかもしれません）と比較することによって、チームというものの特性を明らかにしてみましょう。

チームとクラブ。何が違うか？

チームもクラブも、人の集まりであることには変わりありません。集団を形成しています。

大きな違いは、〝目標を持つか、持たないか〟です。

クラブにも〝目的〟はあります。存在目的は、おそらくそのクラブの憲章か何かに書かれているはずです。

しかし、明確な年次目標や、3年間で達成する目標などは持っていません。

クラブ運営のために、どれだけの資金を集める、といった目標はあるかもしれませんが、それがクラブを牽引する旗印ではありません。

一方、チームというのは〝目標に主導されている人たちの集まり〟です。

目標がなければチームは成り立ちません。〝目標達成のために、集められ、形成され、活動するのがチーム〟と言っても過言ではありません。

ということは、チームがチームであるためには〝チームとして何を達成するか〟を、明確にチームメンバーが意識している必要があります。

1－3「経営チームをつくるのはスポーツの首脳陣チームより難しい」の項で述べたよ

うに、経営チームが〝チームとして何を目標とするか〟を決めることは、簡単ではありません。

しかし「チームとは何か」を考えると〝チームとして何を達成するか〟を明確に持っているということは、やはり重要です。

チームには、メンバー個々の目標というのもあります。それはあくまでも〝チームとしての目標〟があっての話。〝チームとしての目標〟を達成するために〝個々の目標〟があるという順番です。

個々それぞれが目標を持ち、ただ集まって集団を形成しているのであれば、それはただのグループであって、チームではありません。

チームである以上は、ひとりでは決してできないことを、チームとして成し遂げるという前提があり、ゆえに〝チームとしての目標〟を持つわけです。

〝全社目標〟より〝個々の目標〟が大事!?

〝チームとしての目標〟を、どう達成するかを考えたときに〝個々の目標〟にブレークダウンすることがよくあります。

ここで問題が起きます。

本来は、チームの目標を達成することが、チームの存在意義であるのに、気が付くと、個々の目標に強く意識がいってしまうのです。例えば、執行役員が自部門の目標ばかりに目を向けてしまう、というようなことが起こるわけです。

考え方としては、あると思うのです。

チームに5人いたら、5人は、それぞれに割り当てられた責任を果たす。それを足せば、全体の目標は達成できる――そういう考え方です。

この考え方で、5人全員が、それぞれの目標を達成できれば問題はないかもしれません。問題は、すべてがうまくいくほど経営環境はやさしくないということです。

誰か1人、あるいは2人だけが、目標達成が難しいときにどうするか。

他の3人が「自分は自分の責任を果たしている。それは、私の問題ではない」となったら、チームとしての目標は達成できないわけです。

これが実は、多くの重電系企業で起きたこと、そして今も一部で起きていることです。

「我々のところはがんばっているんだから、向こうもがんばってくれないと困るな」

「なんで我々のところばかりこんな高い目標を持たなければいけないのか理解に苦しむ」

「なぜ我々のところはこんなに投資にお金を使えないのか」

こういうセリフは〝チームの目標〟ではなく〝自分の目標〟を第一に考えているがゆえに起こる発言です。

チームとは、あくまでも〝チームとしての目標〟を持っていて、その達成に向けてメンバーが動いているからこそチームなのです。

Handbook of TOP MANAGEMENT TEAM

2-2 チームは共創している

〝チームとしての目標〟を持っていること――それが〝チーム〟である。

〝チームとしての目標〟をメンバーに割り振り、それぞれ〝個々の目標〟をただ追求しても、それでは〝チーム〟にはならない。

前の項では、以上のような話をしてきました。この話をさらに進めます。

仮に、チームの全員が〝自分の目標〟を達成し、例えて言えば〈1＋1＋1＝3〉になったとします。こうなったとしても〝チーム〟であるとは言い難い。

これはチームではなく、〝個人事業主の集まり〟だと思うのです。

〝集団〟であって〝チーム〟ではない。そこにはいわゆる〝シナジー〟がないからです。

〝チーム〟であるなら〈1＋1＋1〉が、4や5になっていかないといけない。少なくとも、そういうマインドをメンバーは持つ必要があります。

本当に〝チーム〟として機能すれば、〈1＋1＋1〉の和は3より大きくなるでしょうし、逆に機能しなければ、3より小さくなることさえあり得ます。

つまり、チームは〝共創〟しているわけです。

共に何かを一緒に創り出している。

部分の総和以上のものをアウトプットすることができる。

だからチームとして集う意味があります。部分の総和が全体ならば、チームとして機能しているとはいえません。

集団がチームになるためのワークショップ

以前、ある外資系企業のCEOから相談を受けました。彼は米国人で、米国本社から日本に赴任して、2年が経つところでした。

聞くと、

「自分の下に10人の日本人のバイスプレジデントがいる。それぞれが事業責任者であり、全員とても優秀で仕事ができる」

「しかし、みんな自分の事業にしか関心がない。自部門の目標をいかに達成するか、それだけに心血を注いでいる」

「自分たちのところでうまくいっていることを、他部門のバイスプレジデントにシェアをすれば、もっと全体としてうまくいくはずなのに、それはやらない」

「会議などでも、それぞれの部門がレポートしている間、他の人たちはただ聞いているだけ」

「質問があったとしても、表面的に内容を理解するだけの浅いもので〝交じり合う〟ためのものではない……」

なんとか、バイスプレジデントたちが、もっとおたがいの事業に関心を持ち、サポートし合うことによって、全体の業績を伸ばせないだろうか――というのが相談の主旨でした。

そこで、CEOとバイスプレジデント11人全員を集めて、半日のワークショップを実施しました。

まず、ホワイトボードに大きく〝FROM〟と書きました。そして、この〝チームの現状〟はどうかについて議論をしました。それだけについて4時間話しました。

最初、次のような否定的な意見が噴出しました。

「そもそも休みの日にこんなことをやって意味があるのか？」

「事業責任者は、それぞれの事業目標に責任を持ち、実現するのが仕事でしょう」

「自分の責任を果たすことで精一杯。とても他部門に意識を向ける余裕など……」

私は、ワークショップのファシリテーターとして、ただ問いを投げかけました。

「本当にそうでしょうか？」

「このままいくと、未来はどうなるでしょうか？」

「こういう状況になっている本当の理由は何でしょうか？」

彼らが〝止まって観て〟〝内省し〟〝これまでの当たり前を検証する〟ことができるように、問いかけ続けました。

そうすると、だんだんと次のような意見が出始めました。

「会議で他人に突っ込みを入れると、その後に自分が突っ込まれるのではと思ってしまう」

「自分の目標を達成できないと、周りから白い目で見られるのではないかと思っていた」

「前のCEOの方針は〝それぞれが自分の役割を果たせ〟だった。当然そういうものだと思ってきた」

ワークショップを進めるうちに、他部門に口を出さない表面的な理由と、少し深いところにある理由は、どうも違うようだ——ということがそれぞれの中で認識されてきました。

私たちはチームとして、どこに向かうのか？

4時間、こうして〝FROM（＝チームの現状）〟を話した後、1時間のブレークを入れました。そして、今度はホワイトボードに〝TO〟と書き、では〝これからどこに向かうのか〟を話してもらいました。また4時間です。

4時間の議論の最後に〝これからどこに向かうのか〟を5つのシンプルな表現にまとめ

ました。

1　会議は単なるレポーティングの場ではなく、未来に向けて全体戦略をディスカッションする場となっている

2　会議では他のバイスプレジデントの発表に対して、躊躇なく自分の意見を述べている

3　日常的に自分の経験を積極的に他のバイスプレジデントにシェアし、彼らの目標達成のために力を使っている

4　自分が迷ったり、悩んだりしたときは、他のバイスプレジデントのアドバイスを積極的に取りに行っている

5　この経営チームの一員であることに誇りを持っている

こうして5つの目標が決まりました。

そして、この5つを11人で実現するために、ひとり一人にエグゼクティブコーチがつくこととなりました。

3か月ごとに、それぞれの項目を7点満点で自己採点し、進捗を計る。さらに、自己評価だけでなく、部下のマネージャーたちから〝どう見えているか〟を評価してもらい、変化をトラックすることも、ここで決まりました。

そして、1年後……。

結果的にすべての項目の点数が、CEOが満足できるほどに上がったのです。〝個人事業主の集まり〟は〝共創を起こすチーム〟へと変貌しました。

チームに国の違いはない

余談ですが、このプロジェクトについて、CEOと共に、ニューヨークで開催された「エグゼクティブ・コーチング・カンファレンス」で発表をしました。

米国のエグゼクティブ・コーチングは、どちらかというと、スポーツアスリートを強くするようなコーチングを、エグゼクティブに施します。つまり、その個人を強くする。

一方で、我々のコーチングは経営チームを強くすることに向けられている。そこが、とてもユニークであるとの評価をいただきました。

「日本的だ」との声もありましたが、本来、チームというものは、国の違いによらず共創するものだと私は思います。

実際、Ｇｏｏｇｌｅの経営陣を長らくコーチしたビル・キャンベル氏は、Ｇｏｏｇｌｅの役員に〝エグゼクティブがチームであること〟の重要性を繰り返し説き、問いかけました。

ベストセラーにもなった書籍『１兆ドルコーチ』に、ビル・キャンベル氏のコーチングがどのようなものであったか詳しく書かれています。

この本を読むといかに、ビル・キャンベル氏が、そしてＧｏｏｇｌｅの役員が、チームであることを重要視したかがわかります。

ビルが指針とした原則は「チーム最優先」であり、彼が人々に何よりも求め、期待したのは、「チーム・ファースト」の姿勢だった。メンバー全員がチームに忠実で、必要とあらば個人よりチームの目的を優先させなければ、チームの成功はおぼつかない。チームを勝たせることが最優先事項でなくてはならない。

僕はＧｏｏｇｌｅのＣＥＯになったとき、ビルにアドバイスをもらった」とスンダー・ピチャイはいう。「ＣＥＯの立場に立ったら、いままで以上に人に賭けろ。チームを選べ。人とチームのことをもっと考えろ。」

個人的な成功だけでなく、組織の大義に貢献する意欲を持っている人を集めた。チームファーストだ！　スンダー・ピチャイも言うように、「自分の成功が他人との協力関係にかかっていることを理解している人、ギブアンドテイクを理解している人、つまり会社を第一に考える人を探す必要がある。

『1兆ドルコーチ』(ダイヤモンド社)

米国でも、うまくいっている経営チームは〝チームになっている〟〝共創している〟と、その本を読んで強く思いました。

部分の総和以上のものを生み出す共創が起こっている。それがチームなのです。

Handbook of TOP MANAGEMENT TEAM

2-3 チームにはメンバー間に気持ちのつながりがある

　ここまで、チームは〝チームとしての目標を持つ〟そして〝共創する〟と述べてきました。

　さて、人の集まりに与えられる言葉は、チームの他にもたくさんあります。集団、グループ、ユニット、クラスター……。

　それぞれの言葉には独自の〝意味合い〟があり、人の集まりにそれぞれの〝ニュアンス〟を与えています。

　〝集団〟というと、利益集団、公的集団、集団訴訟などの表現が存在します。一人ひとりの顔があまり見えない〝人の群れ〟という意味合いが強く出ます。

　〝グループ〟といえば、企業グループ、ワーキンググループ、グループセッションなどの言い方があります。「集団の英語がグループ」と言えばそうなのですが、集団と言うよりもグループと言ったほうが、構成メンバーそれぞれの顔がもう少しはっきり見える感じもします。共通の目標に向けて個々が一緒に集っている様子も浮かびます。

〝ユニット〟というと〝組織の中の一単位〟〝全体のためのある集まり〟というニュアンスが強く出ます。

そして、最近よく使われる〝クラスター〟。集団以上に、個々人の顔が消え、無機質な塊に見えるのではないでしょうか。

チームであることの意味

〝チーム〟という言葉は〝人の集まり〟にどんなニュアンスを与えているでしょうか。

「私たちチームだよね！」と言います。

そこには「私たちには、つながりがあるよね」「気持ちがつながっているよね」というニュアンスが含まれているように思います。

実際「私たち集団だよね」「私たちグループだよね」「私たちユニットだよね」とは、あまり言いません（もちろん「私たちクラスターだよね」とも）。

チームという言葉は、単に人の集まりの形式を表す言葉ではなく〝集団としての性質〟を内包している表現ではないかと思います。

〝気持ちや感情のつながりがある集まり〟がチームなのであり、逆に言えば、チームという名称を使っている人の集まりには、気持ちや感情のつながりが、暗黙のうちに期待されているということにもなります。

日本で開催された2019年のラグビーワールドカップでは、日本代表が〝ＯｎｅＴｅａｍ〟を掲げて結束し、ベスト8を成し遂げました。

ＯｎｅＴｅａｍという言葉は、様々な国の出身者からなる日本代表が、ひとつの目標に向かって一丸となるために、ジェイミー・ジョセフ監督が打ち出した標語です。

そもそもラグビーチームは、チームであるし、チームでないといけないわけですが、あえてそこにＯｎｅと付け加えたところに、監督の〝つながりへのこだわり〟が感じられます。

いずれにしても、チームというのは本来〝メンバーの気持ちがつながっている集団〟なのです。

ですから、経営ユニットでも、経営ワーキンググループでも、呼び方としてはいいわけですが、通常は〝経営チーム〟という言葉が、役員の集団にあてられます。

それは、前提として、役員間に〝気持ちのつながり〟が存在すること、が暗黙のうちに期待されているからなのではないかと思います。

〝気持ちのつながり〟をあきらめない

「うちの経営陣はチームになっていないよね」と外側から見て言われるとき。

「俺たち経営陣はチームになっていないね」と内側の一員として表現するとき。

そこで一義的に表現されていることは「役員間に〝気持ちのつながり〟が十分にない」ということであるように思います。

経営はプロがやるものであり、CFO（最高財務責任者）・CHRO（最高人事責任者）・

ＣＴＯ（最高技術責任者）など、それぞれの分野のプロが、プロとしての責任を果たして、全体を前に進めるべきだという考えもあるでしょう。

〝経営チーム〟ではなく〝プロ経営者のグループ〟で経営を進めていく――そこに気持ちのつながりはそれほど強く求めない。それで十分にパフォーマンスは発揮できるわけだし……という考え方もあります。

それも選択だと思います。

ただ、もし〝チームであることを選択する〟ならば、あるいは〝経営チームがチームであることを求めている〟ならば、それは〝役員間に気持ちのつながりを求めている〟ということです。そして、その〝つながりがもたらす何か〟に期待しているということです。

そうであるのに、その実現が難しいからといって「まあ、役員はそれぞれの責任をプロとして果たせばいいんじゃないか」とうそぶいても、しょうがないのではないかと思うのです。

実際、社長が「チームにしたい」と思っているのに、そんなことは役員を前に、おくびにも出さないことは、ままあります。じっくりと話していくと「実は、チームにしたい」「良いチームがほしい」そうおっしゃる社長が相当数いらっしゃるのです。

気持ちのつながりをそこに生み出すことを決してあきらめてほしくない。

せっかく、一緒に船を未来に向けて、人生を賭けて、進めているわけですから――。

エグゼクティブコーチとしてはそう思うわけです。

＊　＊　＊

ここまで〝チームとは何か〟について、改めて考えてきました。

チームとは〝チームとしての目標〟を持っていて、〝共創〟していて、そして〝気持ちがつながっている〟。

この先は、経営チームがチームになるために、どんな考え方や、どんなアクションが必要なのかについてシェアしたいと思います。

まずは、経営チームがチームになるための土台（ファウンデーション）のつくり方についてから話をはじめます。

本章のポイント

チームとは何か

〝チーム全体の目標〟を〝個々の目標〟にブレークダウンしたときに、いつのまにか〝個々の（自分の）目標〟が優先になってしまうことが起きがちである。

個々の目標が優先となったとき、部分の総和以上のものを生み出すことは困難となる。

部分の総和以上のものを生み出す〝共創〟が起こるからこそ、チームである意味がある。

それぞれがプロとして責任を果たす〝プロ集団〟であれば、それでいいか。

〝気持ちのつながりが生み出す何か〟に期待をして、〝チームになる〟ことを選ぶか。

第3章

チームの土台をつくる

Handbook of TOP MANAGEMENT TEAM

3-1 チームを再解釈する

前章では、チームとは何なのかについて、お伝えしました。

簡単にまとめれば、チームとは〝チームとしての目標〟を持ち、〝パフォーマンスを部分の総和以上にする〟存在であり、そして、メンバーがおたがいに〝気持ちのつながり〟を感じ、ひとつにまとまっている——となります。

もし、あなたが、このことに同意し「よし、経営チームをチームにしよう！」と心に決めたなら、次の一歩は、そのことを他の役員に伝えること。そして、コンセンサスを得て、チーム作りに取り掛かることになります。

しかし、事はそう単純には進みません。

チームのイメージは人それぞれ

丁寧に説明していけば、それなりの納得を得られる話だとは思います。ですが、メンバーそれぞれには、それぞれの〝チームという言葉に対する解釈〟があります。

それぞれが、自分のこれまでの体験・情報・知識をベースに、チームという言葉に対するさまざまな〝イメージや印象、思い〟を持っています。

エース人材としてやってきた彼らは、いろいろな〝チーム〟を経験しています。結果を出せたときのチーム体験もそれぞれのはずです。

例えば、軍隊のような組織で、一糸乱れぬ統率の中で結果を出してきた人は、それがチームだと思っている可能性があります。

また、一人の天才を他の全員で盛り立てるような中で成果を上げた経験がある人は、それがチームのイメージであるかもしれません。

ですから「さあ、チームになろう」と言っても、それぞれがイメージしているチーム像はばらばらなわけですから、すぐに同意は得られないでしょう。

自分のこれまでの解釈を言葉にして表面化させていないところで、一方的に他人の解釈を聞かされても、それにすっと同意できるものではありません。

他人の解釈を聞いたときに、漠然と違和感を覚えるから、いわゆる〝再解釈〟が起きないのです。

言っていることはわかる。論理的には、わからないわけではない。けれど、自分の経験とは違う――。そう感じると、言われていることが正しければ正しいほど、また、相手が上位者であればなおさらのこと、その違和感に蓋をしてしまいます。

表面的には話を聞いているけれど、本当に賛成しているわけではないから、行動を起こすわけではない。

学校で、先生が生徒に「規則はこうだから、このようにしなさい」と強制するのとはわけが違います。

いろいろと考えや意見や経験がある役員です。エース人材である彼ら彼女らです。

たとえ、社長がチーム論を語ったところで、簡単に彼ら彼女らの中でチームという言葉の再解釈が起こるわけではありません。

〝それぞれの解釈の表面化〟から〝新しい解釈作り〟へ

まずは、それぞれのチームに対する解釈を表面化させる必要があります。
それには問いかけることが必要です。

- あなたにとってチームとは何なのか？
- どんな経験を、チームというものの中でしてきたのか？
- チームになることは好きか？　どんな抵抗があるか？　それはなぜか？
- どんなチームにこれまで属してきたか？
- チームの中ではどのような役割を果たす傾向が強いか？

どこかで決めた結論に持っていこうとせず、チームに関する問いを間に置いて、たくさん話す。そうすると、それぞれの解釈が徐々に表面化していきます。

そして、その後に、今度は方向性を絞る。つまり、新しい解釈を共に創っていくのです。

そのための問いとは、以下のようなものでしょう。

●今の経営環境の中で、我々はどういうチームになるのがいいか？
●理想のチームとは何か？　それはなぜか？
●チームになるメリットは何か？
●チームになると会社全体にどういう影響があるのか？
●チームにならないとどんな未来のリスクがあるのか？

この段階で「チームにはこういう側面があるとよいのではないか」という、前章でお伝えしたようなティップスを加えてもいいでしょう。

人は、一度自分の解釈を表面化させた後、再解釈のプロセスの中では、いろいろな情報をつなぎ合わせることに前ほど抵抗を感じなくなるからです。


こうして、チームに対する解釈を、そこにいるメンバー同士、役員同士で、合わせていきます。最初は、ぼんやりとしたイメージの共有でもいいのです。

そして、もうひとつ大切なのは、そこで「チームになる」というコミットメントを取ることです（本書で提案しているようなチームを展望しなくてももちろん構いません。自分たちなりのチーム像ができ、それにコミットできるのであれば、すばらしいことだと思います）。

この〝解釈合わせ〟と〝コミットの確認〟のプロセスは、一度やれば、もう大丈夫というものではありません。繰り返しやる必要があります。

まずは1回、顔を付き合わせて、その機会をしっかりと設ける――それが経営チームがチームになる第一歩だと思います。

Handbook of TOP MANAGEMENT TEAM

3-2 チームの現状を捉える

「こういうチームになるんだ」というコンセンサスが取れたら、次はチームの現状を捉えることです。

●自分たちはチームとしてどういう状態にあるのか？
●チームとしての目標を持ち、全員が単にブレークダウンされた個々の目標について動くだけでなく、全体の目標達成に向けて動いているか？
●おたがいの間に、何かを生み出そうとして、共創しているか？　総和は部分の足し算以上のものになっているか？
●おたがいに気持ちのつながりを感じ、ひとつのまとまりとして存在している実感を持てているか？

他にもチームであることを示す指標、言葉はあるかもしれませんし、何を加えても構わないと思います。いずれにしてもチームの現状に対して「今はどうか？」を、できれば全員で検証していきます。

メタコミュニケーション――チームを上から見る

先に、ある外資系企業の例を紹介しました。

ホワイトボードの〝ＦＲＯＭ〟という単語を全員で見て「今、自分たちはチームとしてどうなのか」を思い思いに述べていきました。

そこに正解があるわけではありません。一人ひとり捉え方が違って当然です。何を言ってもいいのです。

ただ、現状についてそれぞれが思っていることを話す。そうやって、ちぎった和紙を張り合わせるように、全体を共有していきます。

こういった作業のことを〝メタコミュニケーション〟といいます。

〝メタ〟とは英語の接頭語で〝上から〟という意味。〝チームで交わされているコミュニケーション〟を俯瞰して見て、そのコミュニケーションについてコミュニケーションします。

チーム全体の目標に向けてのアクティビティも、共創を起こすのも、つながりを生むのも、すべてはコミュニケーションです。

チームの活動はすべてコミュニケーションによって行われているわけですから、そのコミュニケーションがどうなのかを俯瞰するのです。

先の外資系企業の場合は〝FROM〟と書いたホワイトボードが、CEOとバイスプレジデントがメタコミュニケーションを起こすサポートツールでした。

対話のアセスメントツールDACG

メタコミュニケーションを起こすツールは他にもいろいろあります。

例えば、弊社にはDACG（Dialog Assessment for Corporate Governance）というツールがあります。

言葉の意味をそのまま捉えれば〝コーポレートガバナンスに向けて、どのくらいの対話が役員間でできているかをアセスメントするツール〟です。

コーポレートガバナンスというと〝法律や規則にのっとって企業経営を進めているかどうか〟ということが、まず頭に浮かびますが、それは守りのコーポレートガバナンス。

コーポレートガバナンスには、攻めの一面もあります。

未来に向けて成長発展していくために、役員は戦略構築のための議論・対話がしっかりできているか——そうした攻めのコーポレートガバナンスのツールがＤＡＣＧです。

ＤＡＣＧは大きく３パートから成り立っています。

答える役員の視点から見ると、以下のように説明できます。

1　他の役員の対話に対する姿勢についてアンケートに答えるところ
2　自分の対話に対する姿勢についてアンケートに答えるところ
3　自分が一体誰と、企業価値向上に向けて対話を日常的にしているかを答えるところ

この３つをそろえると、そのチームがどのような対話を行っているかについて、かなり

明確に可視化することができます。

特に3は、役員間のネットワーク図を打ち出します。現状も描いてもらいますが、本来はどのくらいの対話を誰とできたらよいかというのも答えてもらいます。

図はその例ですが、本来はこれだけ［図2］の対話をした方がよいと思っているのに、実際にはこれだけ［図1］しかない。

ある製造会社では、このDACGを1年ごとに計4回、つまり4年に渡って取りました。初年度は、あまりに役員間の対話が少ないことが可視化されました。社長が「経営会議でも意見が出ないはずだ」と苦笑いをしながらおっしゃったのを今でもよく覚えています。

この企業では、DACGで現状を捉えた後〝経営をチームで行う〟ということを志して、社長以下全執行役員20人（社長も社長執行役員）にコーチをつけました。

DACGの1と2の指標は年々上がり続けました。そして、ネットワーク図の線は毎年、増えていきました。

結果だけ言ってしまえば、簡単そうですが、簡単にチームにならないエース人材たちです。事はそんなに簡単には運びませんでした。

対話のアセスメントツールDACG(ダック)
(Dialog Assessment for Corporate Governance)

[図1]
現在の状態

—

先週1週間
合計30分以上
対話した相手

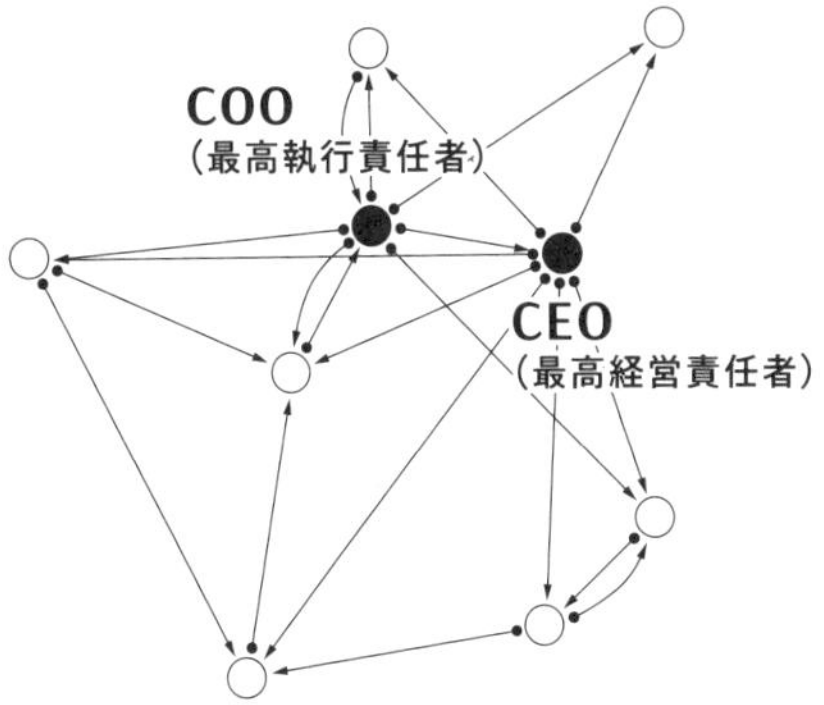

[図2]
希望の状態

—

これから3か月間
1週間あたり
合計30分以上
対話したい相手

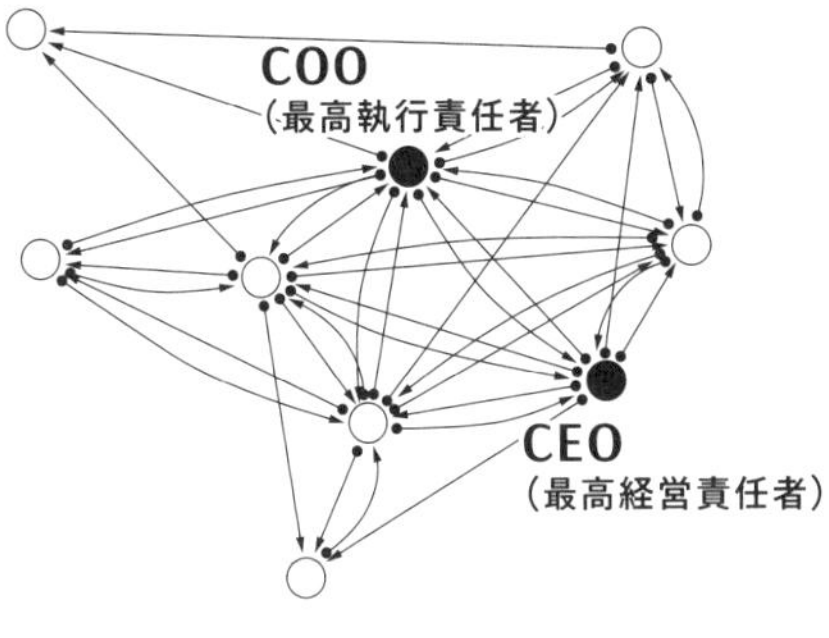

コーチ・エィ独自の調査ツールDACG(ダック・Dialogue Assessment for Corporate Governance)」役員間の対話を測定し「経営チームの活性度評価」「個々人のリーダーシップ」等の機能状況を診断する。

「そもそもチームになんてなる必要があるのか」

「個々が執行役員として責任を果たせばいいだろう」

と言い出す人もいました。

社長の「チームで経営をする」という方針を、公然と批判する人もいました。

副社長と専務のぶつかり合いがあったり、なかなか大変な4年のプロジェクトでした。

しかし、結果は、4年経ったあとの社長の「最近は、チームで経営をしている実感がありますよ」という言葉に代表されるように、明らかに〝個人の集団〟は〝チーム〟に昇華しました。

その最初の大きなステップは、現状をDACGで捉えたことにあったと思います。

執行役員20名を会議室に集め、結果を説明しました。

会場はシーンと静まり返りました。

その沈黙は、いつものことなのか、DACGの結果があまりにもよくなくて、みんな口を開けなかったのか、その時はよくわかりませんでした。

ですが、〝現状〟を認識し、同じ現状の絵をみんなで見たことは、チームになるための確かな一歩になったと思います。

他にＬＩＮＣ ＡＲＣ（リンカク）というツールもあります。

これは言ってみればＤＡＣＧのネットワーク図だけを、取り出し、詳細化したツールです。ＯＣＮ（Organizational cognitive neuroscience）といいますが、いろいろなつながりを可視化することができます。

たとえば、〝チームの中で、ハブになっている人は誰か〟〝意思決定に影響力を強く持っている人は誰か〟〝チーム以外の外部と最もつながっている人は誰か〟などを見て取ることができます。

これを見ながら、一人ひとりがチームの中でどんな役割をさらに果たす必要があるのかを議論することができるのです。

まずは、現状を捉える、全員で捉える、全員で認識する――それがチームをチームにするための大きなステップとなります。

Handbook of TOP MANAGEMENT TEAM

3-3 縦のコミュニケーションを双方向にする

経営チームの活動はコミュニケーションによってなされます。

10人メンバーがいるならば、10人の間にコミュニケーションがなければ、チームにとって重要な〝共創〟が起きるはずがありません。

〝共創〟が起きるためには〝双方向のコミュニケーション〟が必要です。

対話するということ

コミュニケーションを双方向のものにするには〝問いをおたがいの間に置く〟ことが大切です。そうすることで、おたがいの意見をぶつけ合い、そこに何かを生み出していきます。

例えば、こんな問いです。

- フィンテック時代に対応するために、これから支店はどう変わる必要があるだろうか？
- eコマースの割合を飛躍的に伸ばすには何ができるだろうか？
- 新しい時代に適した企業理念とはどういうものだろうか？

こうした問いを間に置き、思っていることをぶつけ合います。時には、意見の対立が起きるでしょう。しかし、対立を伴わないクリエーションなどあるはずがありません。

〝対立〟と〝敵対〟は同じではありません。意見がぶつかる（＝対立する）からこそ、新しいアイディアが生まれます。

意見というのは視点です。ですから、意見がぶつかるときは、2つの異なる視点からものを見ることになります。対立することではじめて、今まで見ていた視点に新しい視点が加わります。

相手の視点を取り込むことによって、物事が新しく見える。そして、新しいアイデアが生まれる。

その新しいアイデアを相手にぶつける。そうすると、相手はこちらの視点という〝新しい視点〟を持ち、新しいアイデアが触発される――。

意見をぶつけ合うというのは、〝視点を投げかけ合う〟ということで、スパイラル上に物事を2人の間に構築していくために欠かせないものです。

これが一緒に考えることの醍醐味であり、意見が対立することの醍醐味です。

そこで「自分の意見を否定するなんて、なんだこいつは！」などと、敵意を介在させてしまうと、スパイラルアップは起きなくなります。

対立はさせても敵意は介在させないのが、チームメンバー同士の心得です。

経営チームに対話は起きにくい

ソニー創業者の盛田氏は、ある部長としばしば議論をしたそうです。

部長は思い切って自分の意見を盛田氏にぶつける。しかし、盛田氏とは決して同意に至らない。

業を煮やした部長が「こんなに意見が合わないのであれば、盛田さんが私と話す意味などないのではないでしょうか？」と言うと、盛田氏はこう答えたそうです。

「何を言ってるんだ。意見が合わないからいいんじゃないか。同じだったらそれこそ話す意味がないだろう」

しかし一般的には、エース人材は、自分の意見に異を唱えられることを良しとしません。また、異を唱えられることを良しとしないだろうと、相手をおもんばかり、異を唱えないことも多い。ですから、コミュニケーションが双方向ではなく〝一方通行〟になりやすいわけです。

加えて、コミュニケーションは〝重力に弱い〟。つまり、上から下に落ちていく傾向が強いもの。ですから、特に社長から役員へのコミュニケーションは、一方通行になりやすいのです。

それゆえ、経営チームは〝社長と、それ以外〟という構造になることが多いものです。

社長以外の人たちにも、副社長、専務、常務などの職位の差はあるわけですが、管掌が分かれているので、上下はあいまいです。

つまり〝専務はこの領域〟〝常務はこの領域〟となっていると、必ずしも、専務が常務の上司という感じにはなりません。ですから、経営チームは、社長という一人の上司がいて、他の役員は一様に部下という位置づけとなることが多くなります。

社長から部下の役員へのコミュニケーションは、指示、説得という形で、一方通行になりがち。一方、役員同士は、分掌されていて、はっきりとした上司部下関係ではないので、コミュニケーションはあっても、共創するような（対立を伴うような）コミュニケーションはあまり存在しない――。これが最も多い日本企業の経営チームのコミュニケーションパターン・マップかもしれません。

厳密なリサーチをしたわけではありませんが、エグゼクティブ・コーチングファームとして、年間３００人のエグゼクティブをコーチする経験から、そう感じています。

縦のコミュニケーションを双方向にする

経営チームが共創するためには、縦にも横にも、健全におたがいの意見を伝え合うような双方向のコミュニケーションを起こす必要があります。

まずは基点として〝縦のコミュニケーション〟つまり社長と役員とのコミュニケーションを双方向にすることが肝要です。

もちろん、社長は最終意思決定者であり、方向性を最後に決め、指示を出す人であるわけですが、日常のコミュニケーションの中に双方向の部分を入れていかないと（つまり、役員との間に問いを置き、一緒に考えるということを、まずは社長がやらないと）、そもそもチームが共創に向かいません。

役員だけが横方向で、双方向に話すということがあるかというと、それも難しい。社長から役員への指示が強いと、結局役員は社長だけを見て動きます。基本的には、役

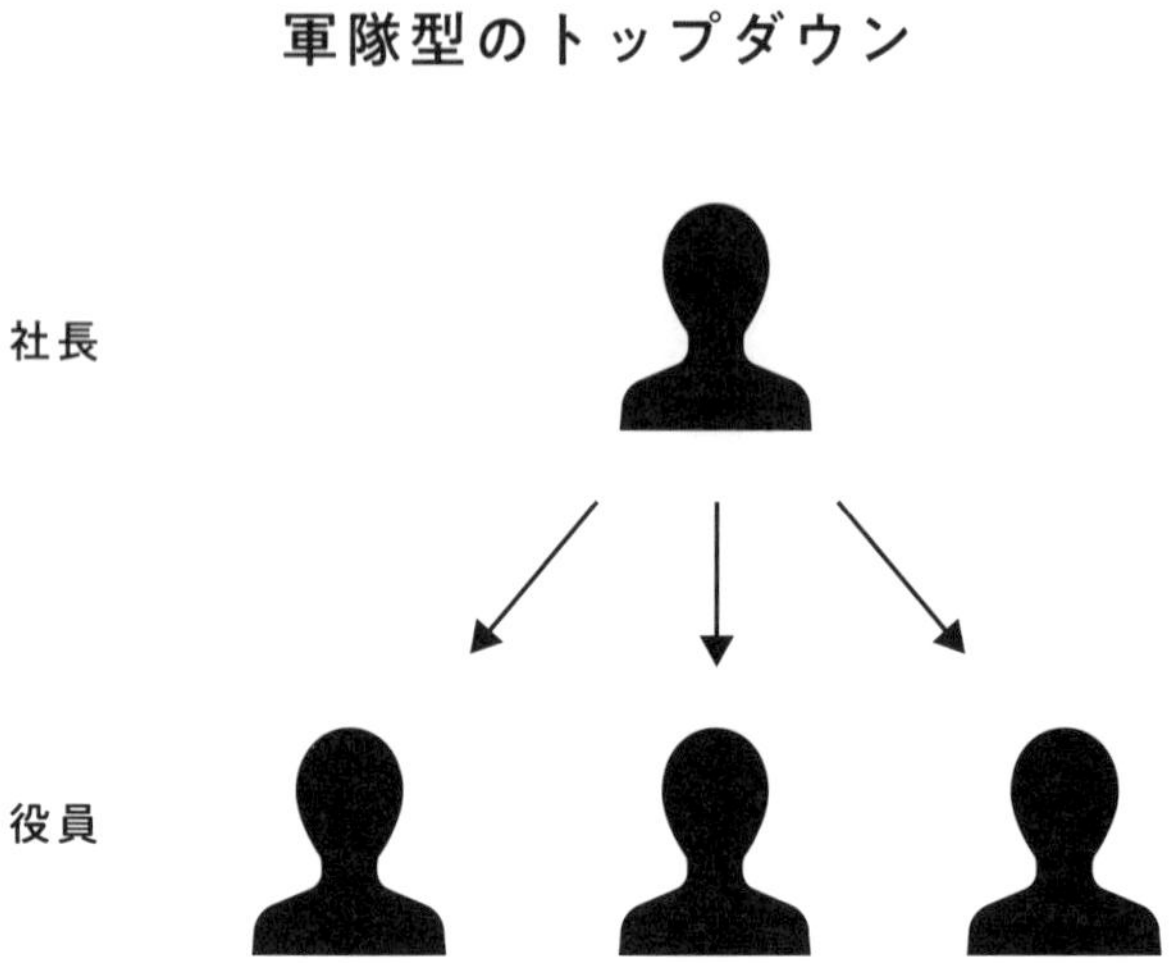

員同士のつながりは薄くなり、（飲み屋で、社長へのぐちを言い合うかもしれませんが）チームになっていきません。

図のように、社長を中心に放射線状に一方通行の線が伸びるだけ。これでは軍隊と変わりません。

それが創りたいチームであるならばいいのですが、〝総和が部分の足し算を上回る〟といったことは、起きにくいでしょう。

だから、経営チームをチームにするのであれば、社長と役員のコミュニケーションは双方向である方がよいのです。

そのためにはもちろん、社長の意識も大事ですが、役員側の意識も大事。双方が、双方向のコミュニケーションをつくり、健全な対立を恐れず、共創、構築をしていくという意識が大事になります。

軍隊型トップダウン組織を変える

ある、大手の金融会社のCEOのエグゼクティブ・コーチングを数年にわたって実施しています。

金融会社というのは、規制産業であり、ミスが許されない業種です。こういう業種は、組織はミリタリーモデル、つまり軍隊型になりやすい。

軍隊型組織では、トップから指示がくだり、受けた人は次にバトンを渡し、そこからまた次にバトンが渡される。部門ごとに役割が明確に分かれていて、責任の範囲もはっきりしている。決められたことをミスなく動かすための組織としては、完璧です。

しかし、新興企業がフィンテックを使って次々と新しいサービスを打ち出し、彼らの領域を日々侵食する時代（つまり新しいアイディア、イノベーションが求められる時代）に軍隊型で対応できるかというと、それは難しいのです。

経営チームも例外ではありません。

これまでのCEOから部下の役員への指示だけでは、何も新しいものを生み出せない。経営チームも双方向性を兼ね備え、共創を起こす必要がある。

言い方を変えれば、経営チームが共創する姿、双方向に話す姿を見て、会社全体に、一緒に考え、一緒にアイディアを創造していこうという気運が盛り上がります。そういう意味でも経営チームが共創のコミュニケーションを行うのはとても大事なのです。

CEOとのコーチング・セッションを重ねる中で、トップは双方向性の必要に深く同意してくださいました。そして、まずは、自分の役員に対するコミュニケーションを変えることにチャレンジし始めました。

それまでは、部下である役員と1対1で話す時間そのものがありませんでした。

CEOとの定例ミーティングに、役員が配下の部長などを伴って現れ、部長を中心に、起こっていることのレポートをする。それを聞いてCEOはいくつかの質問をして、最後に「これはこうしてくれ」と指示を出して終わり。これが定例のコミュニケーションでした。

なんと、CEOの執務時間の5割近くが、こうしたミーティング（過去のレポートを受け、若干の改善を示唆する指示を出す）に費やされていました。

CEOは、これをがらりと変えることにしました。

まず、定例ミーティングは原則廃止。直属の部下である役員との1on1ミーティングに変えました。

これに戸惑ったのは役員です。

それまでは、トップから自分たちへの一方通行、もしくは、自分たちからトップへのレポートというコミュニケーションが中心でした。つまり〝一方通行×2〟で、双方向のコミュニケーションはありません。

役員たちは身構えました。

CEOの秘書に連絡して「何を持参したらいいだろうか？」「どんな書類を持っていったらいいか、何か聞いてるか？」などと尋ねました。

それを、秘書から聞いたCEOは役員に言いました。

「何もいらない。身体ひとつで来てほしい。会社の未来について、一緒に話したいのだから」

縦の双方向のコミュニケーション

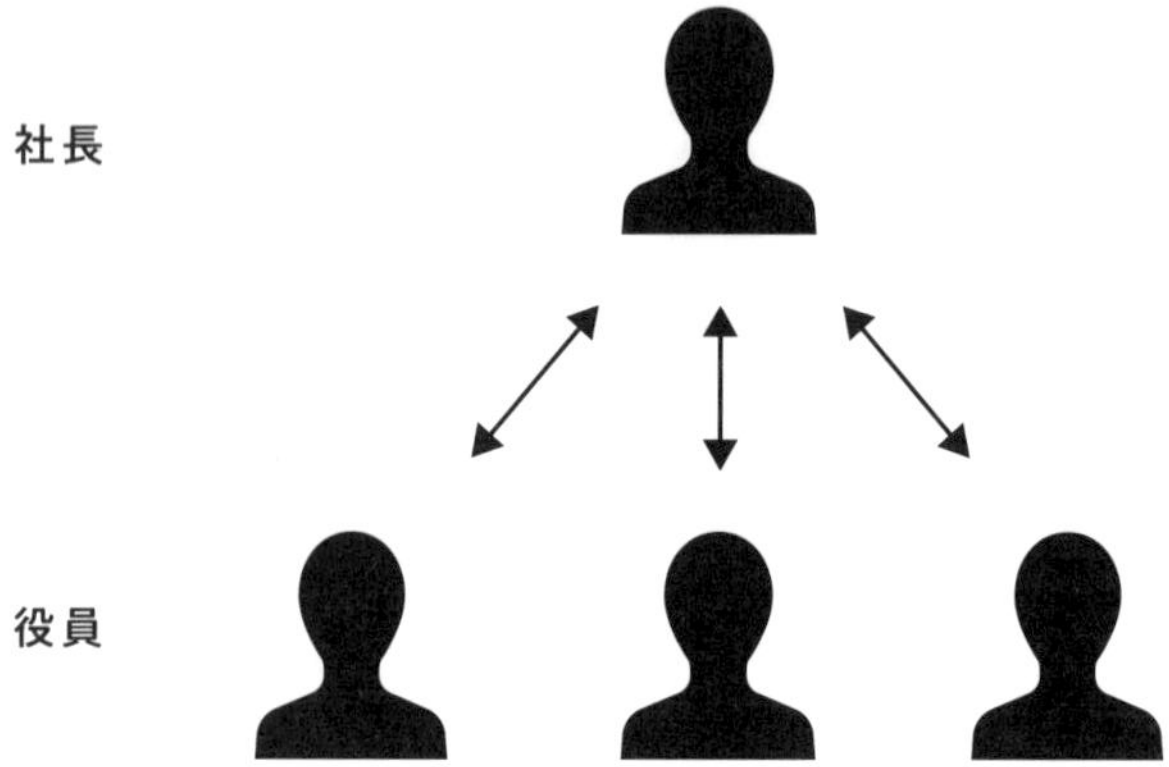

ＣＥＯは、半年かかったと言います。役員と普通に会社の未来について、双方向に話せるようになるのに。

こうして、まず経営チームに必要な縦の双方向のコミュニケーションが生まれたのです。

縦を双方向にする。

経営チームをチームにするための、大事な土台、ファウンデーションです。

Handbook of TOP MANAGEMENT TEAM

3-4 横のコミュニケーションを増やす

社長と役員の〝縦のコミュニケーション〟が双方向になったら、次は横です。

しかし、経営チームの役員を横につなげ、双方向のコミュニケーションを増やすのは（先に外資系企業の例や製造業の例でも見たように）、そんなに簡単なことではありません。

あるロジスティクスの会社で、就任したばかりの社長のコーチングを始めました。

「会社の何を変えたいですか？」と伺うと、

「役員間のコミュニケーションが絶望的に少ない」

少しおどけたような顔をして、社長は答えました。

絶望的というのは強い表現だなと思いました。しかし、社長は「会議以外の場面で役員同士が話しているのをほとんど見ない」とおっしゃるのです。

まずは、実際はどうなのか、役員の方々にインタビューしました。

聞くと、以下のような答えが返ってきました。

「そもそも執行役員は、部門に対する執行責任を持っている。自分の役割は、自部門を発展させること。他の役員と話す時間を、なぜ取らなければいけないのか」

「別に仲が悪いわけではない。ただ、それほど話す必要がない」

その役員は、批判的になることなく、とても正直に話してくれました。

コミュニケーションを取る必要がない——同じ会社の役員同士なのに「なぜ?」と思われるかもしれません。しかし、そうなのです。必要が感じられないのです。

プロジェクトがあるから対話は起きる

実は、コミュニケーションは〝プロジェクト〟がないと起きません。

同じ会社の役員同士、会えば瞬間的に〝会話〟は起きるのです。しかし継続的な〝対話〟が起きるにはプロジェクトが必要です。

夫と妻の間のコミュニケーションもまったく同じです。

例えば〝子育て〟という一緒に取り組むプロジェクトがあるから、夫と妻の間にコミュニケーションは起こります。

子どもが巣立った瞬間に「夫婦で何を話したらいいかわからなくなった」「コミュニケーションが減った」という話はよく聞きます。

ですから、子どもが巣立った後も、夫婦がコミュニケーションを交わそうと思ったら、一緒にゴルフをやるとか、ボランティアに参加するとか、何か一緒に携わるプロジェクトが必要です。

政治家の世界は、外からは見えにくいですが、どうも聞くと議員同士のコミュニケーションは結構、いや、かなり多いようです。

それは、驚くほどたくさんの作業部会や委員会などの一緒に関わる〝プロジェクト〟があることが大きな理由だと思います。

政治家は、そもそも〝個人商店〟の集まりですが、プロジェクトを介してコミュニケーションが密に起こっている。そもそも〝個人商店〟だからこそ、つながるために、たくさんの場（プロジェクト）をつくっているのかもしれません。

例えば、自民党を会社として見た場合、もちろん中でいわゆる権力闘争、派閥はあるのでしょうが、議員同士はとてもよく横につながっています。

先のロジスティクスの会社でも、インタビューした役員の方も「経営企画の役員とは話している」「財務や人事の役員とも話している」と言うわけです。

このように、事業部門の役員と、いわゆるコーポレートの役員との間には、往々にしてプロジェクトがあります。

「中期経営計画に、どこまで部門の商品開発を盛り込もうか」とか「新人事制度をどのように部門で活用するか」などがそうです。

プロジェクトがあるのだから、コミュニケーションが起こるのは当然なのです。

事業部間に本気のプロジェクトをつくる

このロジスティクスの会社では、事業部と事業部の役員の間にコミュニケーションを起こしたいわけです。

そうすれば、おたがいの視点から得られるものがあるかもしれない。シナジーが起こるかもしれない。共創が起こるかもしれない——社長はそう考えています。

ただ、社長が「役員同士なんだから、横にも話せよ」と伝えても、残念ながらコミュニケーションは起きません。

会社というのは、起業したばかりの頃は〝会社そのもの〟がプロジェクトです。「こんな会社にしたい」「あんな会社にしたい」——スタートアップの役員は、毎日、朝から晩までずっと一緒に話しています。

ところが、会社が大きくなると、役割が分化し、それぞれの部門に責任を持つようになり、具体的に一緒にやるプロジェクトが少なくなります。結果、コミュニケーションが減り、シナジーが起きなくなるのです。

ですから、事業部の役員同士で一緒にできるプロジェクトをつくるといい。それは、役員が思いっきりおたがいの意見をぶつけ合えるようなプロジェクトである必要がありま

共創のコミュニケーション

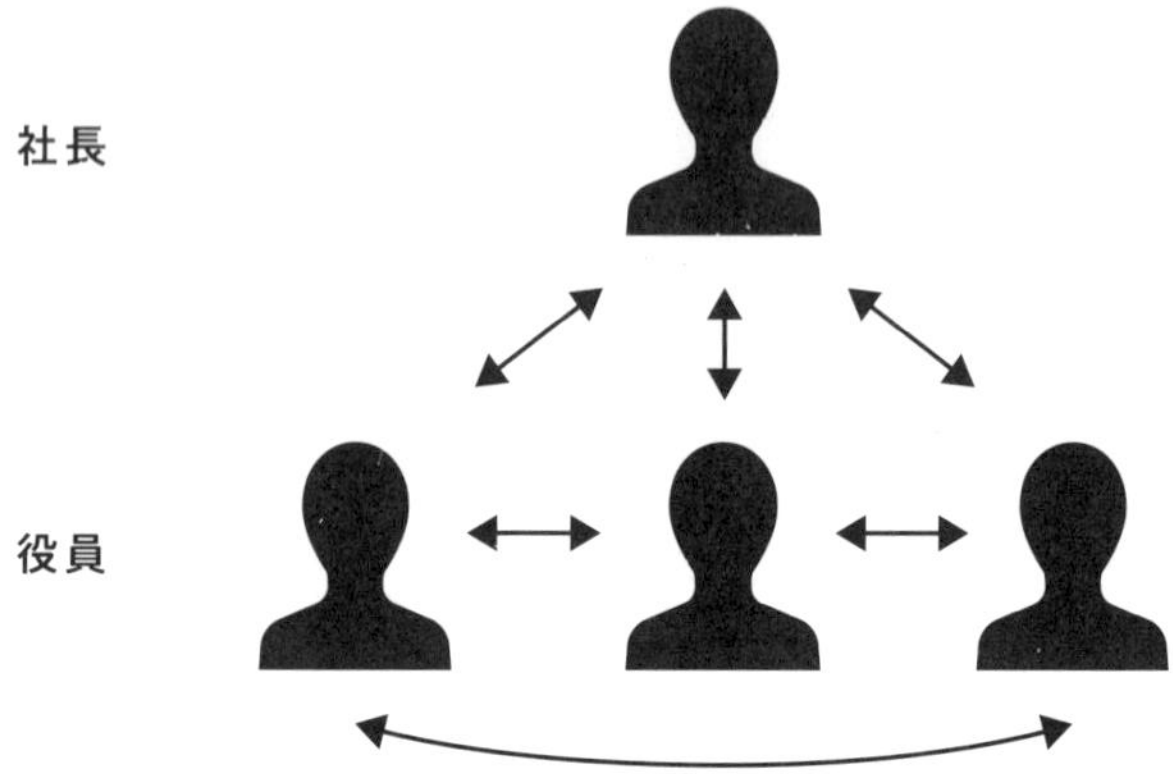

す。

ＳＤＧｓやダイバーシティなど、お題目先行のものではなく（もちろん、それらが心から意見を戦わせられるテーマなら、それでいいのです）、心から議論できることを見つける必要があります。

どんなテーマであれば、役員同士が、思い切ってコミュニケーションを交わし、共創のベースとなるような関わりを構築することができるでしょうか？

Handbook of TOP MANAGEMENT TEAM

3-5 おたがいを知る

チームになることを決め、現状を捉え、縦と横のコミュニケーションのインフラをつくったら、チームの土台づくりのためにもう一つ必要なことがあります。

それが〝おたがいを知る〟ということです。

もちろん〝チームになる〟ことは、レシピ通りに、順番に進めていけば、必ずうまくいくというようなものではありません。

実際には、これまで話してきたような、いろいろなアクティビティを行ったり来たりすることになるでしょう。それでも、ここまで話してきたステップを理解しておくことは、実際の活動の上で役立つはずです。

それでは、この章の最後の項〝おたがいを知る〟について見ていきましょう。

マイクロソフトCEOナデラの実験

マイクロソフトのサティア・ナデラ氏は、若干陰りの見え始めたマイクロソフトを、再び力強い成長軌道に載せ戻したCEOです。彼の著書『ヒット・リフレッシュ』（日経BP）の冒頭に以下のような記述があります。

競争相手を遠く引き離して数年も疾走を続けると、何かが変わってきた。よい方向への変化ではない。革新的な仕事がお役所的な仕事に、共同作業が内部抗争に変わり、競争から落後し始めたのだ。（中略）

こうした困難な時期のさなか、ある風刺画家が、マイクロソフトの組織図を、いがみ合っているギャングが銃を向け合っている姿として描いた。このメッセージをないがしろにできなかった。（中略）

チームのメンバーはみな尊敬できる人ばかりだったが、もっと互いのことを深く理解し合い、それぞれの行動の原点が何なのかを詳しく知り、個人の哲学と会社のリーダーとしての仕事を結びつけたほうがいいと感じていた。

ナデラ氏は、このような状況の中で、CEOに就任しました。そして、就任して間もなく、経営執行チームのメンバーを集めて、ある実験を敢行したのです。

メンバーはそれぞれの思いや、人生観を語った。家庭と職場の双方で、自分がどんな人間であるかをよく考えるように求められた。職場での自分と私生活での自分をどう結びつけているか。一人ひとりが、自分の気質について、精神的源泉となっているカトリックの教義について、自分が学んだ孔子の教えについて話をした。親として奮闘していること、職場や娯楽の場で大衆に愛される製品を生み出そうと絶えず努力していることを伝えた。私はこうした話を聞きながら、マイクロソフトに入社して以来、仲間から仕事の話ではなく本人自身の話を聞くのは初めてだったことに気づいた。（中略）

それは、感動的な一日だった。くたくたに疲れはしたが、新たな基調を生み出し、これまで以上にまとまりのある幹部チームを始動させることができた。その日が終わる頃には、チームのメンバーはみな、ある事柄をはっきりと認識していた。マイクロソフトを再生させるのは、ひとりの指導者、ひとつのグループ、ひとりのCEOではない。再生のためには、私たち全員が必要であり、その一人ひとりが持っているあらゆる要素が必要だ、と。

『ヒット・リフレッシュ』（日経BP）

なぜ〝チームになる〟ために、おたがいを知ることがこれほどまでに大事なのでしょうか？

簡単に言えば〝知ることによってはじめて、そこにいるメンバーが人間に見えてくる〟からです。相手を知ると、様々な価値観、歴史、経験を持っている一人の人間に見えるのです。

ややもすると、日々仕事に明け暮れる中で、チームの仲間が、〝ただのパーツ〟に見えてしまうことがあります。「彼は〇〇の能力を持っている」「彼女は、〇〇に関してはスペックが高い」など、少し前のマイクロソフトがそうであったように。

人は取り換え可能な部品、パーツではありません。それに、パーツと共創することは難しい。パーツとパーツがぶつかれば、ただおたがいにむかつくだけです。

けれども、幾多のストーリーを持ったひとりの人間同士であれば、ぶつかっても「誤解を解消しよう」「改めて理解しよう」「もう一度一緒にやり直そう」という気持ちになれます。

2千人のハッピー・バースデー

以前、コーチングの国際大会に参加したことがあります。場所はカナダのケベックでした。

基調講演をしたのは、ベン・ザンダー氏という指揮者。当時彼は70歳でした。長身に長髪。とても70歳とは思えないほど、目に力があり、全身にエネルギーがみなぎっていました。彼は英国出身で、音楽学校も経営し、リーダーシップに関する著作もたくさんある人物です。

その彼が、2千人の聴衆の前に登場するやいなや、いきなり大声で叫びました。

「今日誕生日の人はいる？」

聴衆は、ノリのいいアメリカ人やカナダ人たちです。さっと5、6人が手を挙げました。その中から、彼は30代ぐらいの白人女性を指名し、彼女を壇上に上げました。

「今日は彼女の誕生日。みんなで彼女にハッピーバースデーを歌おう。僕は指揮者だから指揮するよ。さあ！」

2千人が全員立ち上がり、ハッピーバースデーを歌い始めました。


1フレーズ歌ったところで、ザンダー氏は指揮を止めました。

「ストップ！　ねえねえ、ただ歌えばいいってもんじゃないよ。もっと心を込めて歌おう。さあもう1回！」

みんな、さっきよりずっと大きな声で歌いました。中には胸に手をあてて歌っている人もいました。ところが、また1フレーズでストップです。

「ちょっと待って！」

「みんな何か勘違いしている。大きな声を出せばいいというものじゃない」

「みんな忘れているよ。今日は彼女の1年に1回の、正真正銘の誕生日だ。今日まで彼女がどんな人生を送ってきたかについて、ちょっと思いを馳せようじゃないか」

「彼女がこの世に生まれてきたとき、赤ん坊だった彼女の顔を、両親はどんな顔で見つめただろう？」

「まだ学校に上がる前の彼女は、どんな友達に囲まれ、どんな遊びをしただろう。学校に上がってからは、どんなことを楽しみにして学校に行っただろう」

「中学、高校、どんなことに悩み、どんな冒険をして、どんなボーイフレンドができたのか。大学では何を学び、社会人になって、何を実現したくて、長い道のりをここまでやってきたのか」

「最近は、どんな同僚、家族、友達に囲まれ毎日を過ごし、どんなことに毎日思いを馳せて生きているのか。そしてこれから先の人生をどんな風に過ごしていきたいと思っているのか」

「今日はその彼女の、1年に1回の、生まれた日。誕生日をお祝いする日だ。さあ、また一緒に歌おう」

そして、また2千人が歌い始めました。

多くの人が胸に手を当てて、心から歌いました。大オーケストラ、大合唱団の誕生です。

2千人の中にいて、心が震えました。

こんなに心の持ち方ひとつで、歌声は変わってしまうのか。

2千人の心のこもったハッピーバースデーが、会場に響き渡ったのです。


壇上の女性の頬に涙が伝わりました。

その瞬間、2千人と彼女の間に、強烈なつながりが生まれた——そう感じました。少なくとも、私と見知らぬ彼女との間に、強いつながりが生まれました。

自分の想像したことが、実際に彼女の人生だったとは思いません。しかし、ベン・ザンダー氏に問いかけられたことにより、私は、彼女のストーリーの中に入りました。

その瞬間に、彼女は〝たまたま居合わせた一人の白人女性〟から〝ひとりの体温のある、ストーリーを持った、歴史をくぐり抜けてきた人間〟になったのです。

わずか5分で、ここまで人はつながることができる。そのことに心から驚きました。

〝おたがい知っている〟は思い込み!?

私の友人が社長を務める会社があります。友人が社長になる前、この会社には本当にいろいろなことがありました。

前社長の不誠実なふるまい。

役員の裏切り。

抱えてしまった金融機関からの多額の借金……。

前途多難な船出の中で、私の友人は、新たな経営チームのメンバー5人と1日の合宿を行いました。

テーマは、まさに「おたがいを知ること」。

なぜこの会社に入ったのか？

あれだけいろいろなことが起こったのに、なぜまだここにいるのか？

前社長のことをどう思っているのか？

おたがいのことをどう思っているのか？

どんな人生をこれまで過ごしてきたのか？

どんな家族の中で育ったのか？

どんな学生時代だったのか？

今日まで至る社会人人生はどんなものだったのか？


とことん話して、とことん共有した。そうして1日を過ごして、おたがいがまったく新しい顔に見えたそうです。昨日とは、まったく違う〝チーム〟になっていました。


多くの企業の経営チームの方々と話していて、一番誤解されているのではないかと思うことは、おたがいを知っていると〝思い込んでいる〟ことです。

オールドボーイズクラブは特にそう。知っていると思っています。

「知らないことなどない」と思っていれば、それ以上知ることはできません。そもそも関心が持てません。

隣の役員が、夜寝る前に天井を見上げて、ふと頭によぎることは何なのか？
通勤の途中、窓の外を見て思うことは何なのか？
どんな家族に囲まれているのか？　子どものことをどう思っているのか？
なぜこの会社を選んだのか？
今でも仕事で後悔していることは何か？
何を残りの人生で成し遂げたいと思っているのか？
知るためには、何を知らないかを知ることからです。
あなたは、周りの役員の何を知らないでしょう？

本章のポイント

チームの土台をつくる

「チームとは何か？」など、チームについてのそれぞれの解釈をチームメンバーで対話することから、チームの土台づくりをスタートする。

次に「今、私たちはどんなチームになるべきか？」など、チームについての新しい解釈をメンバーで共創していく。

さらに「今、自分たちはチームとしてどうなのか？」を問い、チームの現状を共有していく。現状を全員で認識することがチームになるための大きなステップとなる。

意見の対立こそが、新しいアイディアが生まれる第一歩。まず、最も対立が起きにくい縦のコミュニケーションを〝一方通行〟から〝双方向〟に変えることに取り組む。

コミュニケーションは〝プロジェクト〟があるから起きる。事業部間にプロジェクトを立ち上げることで、横のコミュニケーションを活発にする。

「相手のことを知っている」は、多くの場合思い込み。
知らないことに意識を向け、それを知ろうとすることで、
相手が〝組織のパーツ〟から〝一人の人間〟に見えてくる。

第4章

チームを進化させる

Handbook of TOP MANAGEMENT TEAM

4-1

対立を活かす

さて、チームになることを決め、現状を捉え、縦につながり、横につながって、おたがいを知りました。ここまででチームの土台はできました。

ここからさらに、チームとして結果を生み出すための精度と能力を上げる必要があります。

あなたはこれまでに「チームとしての精度をさらに高めるには何ができるだろうか？」と考えたことがあるでしょうか？

例えば、実績を残しているスポーツの監督の著作などを読むと、彼らが「チームの精度を高めるには何ができるだろうか？」「さらにできることは？」「もっと高めるには？」――と考え続けていることがわかります。

しかし、経営チームの場合「ある程度チームになれば、まあそこそこ安心」となりがちです。「さらに、もっと、より結果を出せるチームになるには？」と考えを巡らすことはまれではないでしょうか。

しかし、チームは洗練されればされるほど、より高い成果をアウトプットするはずです。ですから〝チームのさらなる成長〟に意識を向けないのはもったいないのです。せっかく土台をつくったのですから。

では、経営チームをさらにもっと進化させるために何ができるのか。

最初は〝対立〟を扱います。より洗練されたチームは、〝対立〟をクリエイティブなアウトプットを出す源として、しっかり位置づけ、活用しています。

このことについて考えるために、チームの対立の捉え方というものを3段階に分けて見てみたいと思います。

第1段階：むき出しのエゴ同士の対立

まずは〝まったく対立を扱えていない段階〟です。そこでは、それぞれが〝自分のこと〟を中心に考えていて、エゴが高まっている状態です。

典型的には（前にも述べたように）〝チームとしての目標〟に意識を向けることができていません。割り振られた〝自分の目標〟だけに意識が集中しています。

「とにかく、自分の目標が達成できればいい」

「他人には、目標達成の邪魔をしないでほしい」

このように、それぞれのエゴがむき出しになります。

このような状態で、意見が対立すると（例えば、ある部門での案件に投資をするかしないかについて意見が対立すると）、コミュニケーションは〝どちらが正しいか（間違っているか）〟〝どちらに理があるか（ないか）〟などを争う方向、つまり勝ち負けをはっきりさせる方向に向かいやすくなります。

ここでは、対立は〝敵意を生み出すもの〟です。〝創造を生むもの〟ではありません。

＊　＊　＊

ある製造業の企業で、業績不振から脱するために、いわゆるプロ経営者をＣＥＯに据えました。瞬く間に業績は回復し、株価はうなぎ登りに上がりました。すべては順調であるかのように見えました。

しかし、そのきらびやかな業績の回復の裏で、徐々にチームの瓦解が起こっていました。

プロ経営者はプロの役員を好みます。プロパーで下から上がってきた役員を次々に外し、外からプロを連れてきました。それぞれの領域の専門家です。それ自体が悪いことではありませんが、プロは往々にして、自分の仕事に対してこだわりがあります。

しかも、ＣＥＯから声をかけられて入社していますから、ＣＥＯに認められたいという思いが強い。自ずと目はＣＥＯに向きます。他の役員との協調関係はなかなか構築されません。

経営会議をやっても、プロとプロのエゴがぶつかり、まさにどちらが正しいかの言い争いばかり。私が昔から知っているプロパーの執行役員が「経営会議は醜い意見のぶつかり合いだ」と嘆いていました。

そうこうしているうちに、業績と株価は再び下降へと向かいはじめていました。チームとして、対立を扱えていない典型的なケースです。

第２段階：対立は〝おたがいの違い〟

対立をまったく扱えない〝エゴのぶつかり合い〟の段階から、次の段階に移ると、チームとしての目標が強く共有されるようになります。意識は〝自分〟より〝チーム〟に向かいます。

そこでは、意見の対立が起こったとしても、それは〝おたがいの違い〟として認識されます。

そのようなチームの中では〝相手との違い〟は〝自分の意見への新しい視点〟と捉えられます。

おたがいが相手との違いから、新しい視点を学び、その視点を自分の中に取り入れながら、アイディアをバージョンアップさせていく。

そうすると、螺旋階段的にアイディアの質が高まります。一見、同じところを辿るようでいながら、しっかりと上に向かっていきます。

さらには、おたがいが違いを認識し、それを次の〝2人の意見〟にどう取り入れるかを認識しながら昇華させているので、双方の納得感が高くなります。

そうやって最終的にできあがったものは、どちらかが考えたではなく、2人で考えたもの。それが実行に移される可能性も高いのです。

*　*　*

コングロマリットに事業を営んでいるある製造会社で、執行役員20名全員にエグゼクティブコーチをつけました。

エグゼクティブ・コーチングに投資をする理由のひとつは、それぞれの役員が、セルフィッシュにならずに、会社全体のことを考えて意思決定できるようになるためでした。

プロジェクトが始まって1年ほど経った頃、プロジェクトを推進した副社長と話す機会がありました。

「この前、嬉しいことがあったんですよ。経営会議をやっていて、ある部門の買収案件に数百億というお金を使うのか、はたまた別の部門の買収案件にお金を使うかで議論が沸騰したんです。そこで一方の部門長が〝議論しながら、いろいろ考えたけれども、今は、会社全体のことを考えると、うちではなく、そちらの買収にお金を使うべきだと思います〟と言ったんです。数百億の買収ですから、相当そこの部門だって、時間をかけて調査したでしょうし、人を動かしたと思うんですよね。でも、最後は会社全体という視点でものを見てくれた。チームの進化を感じましたね」

これが2段階目の捉え方です。

1段階目よりは、はるかに効果的に対立を扱えています。ただ、それは偶発的に起きるものであって、チームの中で意図して起こされるものにはなっていません。

創造を生み出すために必要なものとして、対立が位置付けられていない。ですから、対立がないときはしばらくないし、あるときはあるという状態です。

第3段階：創造のために対立する

次の段階になると、チームの中で、リーダーが（経営チームであれば、多くの場合社長が）、意図して創造のために対立を起こしています。

そうしたチームでは〝対立は創造のための手段〟と認識されています。ですから、おたがいの違いを、意図的に顕在化させています。

できる限り、視点の相違を場に出して、それを創造的に統合することで、最終的にアイディアをブラッシュアップしようとします。

さらに、この段階は進化します。もはやリーダーだけでなく、チームのメンバー誰からでも、意図的に、定期的に、対立を引き起こしている状態です。

こうなると、チームは常に創造に向かうために、対立という装置を効果的に活用しているということになります。

＊　＊　＊

あるコンサルティング会社は、長年オーナーの強いリーダーシップで運営されてきました。

しかし「このままでは自分の器以上の会社になることはできない」と危機感を抱いたオーナーは、エグゼクティブコーチを受け、リーダーを開発することに着手しました。

それが2010年でした。オーナー社長のコーチは私が担当しました。

先日、久しぶりに社長と話す機会がありました。

社長曰く、

「2010年は、自分にとって大きな転換点でした。それまではすべて自分が考え、自分の考えに全員を〝右にならえ〟させてきました。しかし、10年以来、リーダーをつくるために、高いメンバーシップフィーを払って、リゾート型ホテルを使えるようにし、毎土曜日、そこにリーダー候補を連れて行き、議論を交わしました。

一番教えたかったのは、対立を恐れるな、ということです。だから、自分も一切手加減せず言いましたし、彼らにも自分に対して言わせました。10年かかりましたね。どこからでも対立ののろしが上がるようになるのに。でも決して無駄ではない10年でした」

その会社は、数年前に上場し、現在、初値の時価総額の数十倍もの企業価値を有するまでになりました。

これが、対立に関して行きついたチームのステージです。

あなたの経営チームは今どの段階にいるでしょうか？

Handbook of TOP MANAGEMENT TEAM

4-2 会議をバージョンアップさせる

どの会社にも会議はたくさんあります。そして、おそらく経営チームも、たくさんの会議をしているはずです。

実際、あなたの経営チームは、どのくらいの時間を会議に費やしているでしょうか？

自分が経営チームのメンバーであれば、実際に時間数をカウントしてみてください。

さて、その会議が、とても有効で、充実していて、経営を未来に向けて前進させているという度合いは、10点満点で何点でしょうか？

経営チームのメンバーで点数を出し合い、平均点を出してもいいかもしれません。

先ほど言及した金融会社の場合、ＣＥＯが参加する会議は、ＣＥＯのトータル時間の50パーセント近くを使い、そしてそのほとんどがレポーティングに終始していました。

この事実に直面したとき、CEOはそのルーティンを変えようと決意したわけです。

良い会議・悪い会議

そもそも〝良い会議〟と〝悪い会議〟というのは、それぞれどういうものでしょうか？〝理想の経営チーム〟というものがあるとすると、そのチームはどのような会議を実践しているものでしょうか？

それを考えるために、まずは〝悪い会議〟、つまりこうであっては困るという会議の要素を洗い出してみましょう。

- 誰も会議で自分が〝本当に思っていること〟を話さない
- 一人だけが仕切って、一方的に話している。他の人は聞くだけ
- レポーティングに終始し、本質的な問題についての議論がない
- 他の人の発言で気になることがあっても、あえて口を挟まない
- メンバーは常に発言することに躊躇を感じ、多くの場合、その言葉を飲み込む

- 参加者に納得感がなくても会議は終わる
- 何がアジェンダなのかよくわからない
- アジェンダ通りに進行することだけが優先されている
- 結論が出ないまま終わる。何が次に持ち越されたのか不明瞭
- 無理やり結論を出して終わる

〝良い会議〟というのは、基本は〝悪い会議〟の逆。まとめれば、以下のようになるでしょう。

- メンバーは発言することに躊躇がない
- 常に議論が本質的なことに向かっている
- 臨機応変にアジェンダに対応し、話すべきことが話されている
- 効果的なファシリテーションがなされている
- 会議の終了時には、メンバーに不全感がない

会議というのは「これで100点!」ということはないでしょうから、先の5つを常に高いレベルで実現できるように、バージョンアップし続けることが大事なのだと思います。

この5つだけが指標ではありませんが、少なくともこの5つが実現されていれば、会議の質は高く保たれていくでしょう。

良い会議のための〝2つの視点〟

会議が良かった、悪かったというのは、結果として起こることでもあります。ですから、経営チームのメンバーが、どのようなマインドセットで会議に臨むと、こうした結果が起こり得るかということを提案したいと思います。

まず、これまでお伝えしてきた以下は、会議においても、すべて大事なマインドセットでしょう。

- 目的への意識が高いこと
- 〝会社としての目標〟を第一に考えていること

● 共創しようとしていること

これらに加えて、問題解決の場でもある会議に、どういうスタンスで臨むことが有効かを提示したいと思います。

それは、一言でいうと〝外部観察者〟と〝内部参加者〟――この2つの視点を合わせ持って会議に臨むのが大事であるということです。

〝外部観察者の視点〟というのは、事物を外側から観察して観る視点です。

経営者は、日々アップデートされる様々な客観的情報をもとに、対象となる事案を俯瞰し、分析をかけ、状況を理解していく能力が求められます。その際、視点は事案の外側にあります。外側から事案を観察しているわけです。

ですが、この能力だけが突出して使われてしまうと、問題解決をすることがチームとして難しくなります。

例えば、ある人が会社の問題をひとつ提示したとします。

それに対して他の全員が、この問題を外側から観ると、どうなるでしょうか。

「そこは、こうなんじゃないか」「こういうことではないのか」「こうすべきではないか」などと、自分自身を脇に置いて、分析することになるでしょう。

しかし、外側から観ているだけでは、ただ百花繚乱、さまざまな意見が出るだけで、結論を出すことが難しくなります。

何よりも、語っている経営メンバー自身が〝問題の一部〟であるわけです。外側から観ることで、自分たちを観察から除外していては、真の意味でのソリューションに結びつくことは不可能です。

もちろん、外側からみて、分析して、状況を読み解くことは大事です。それらの意見の中に、解決への糸口はあるはずです。ただ、それだけではソリューションをアウトプットするのは難しいのです。

「あなたが問題の一部でなければ、解決策の一部たりえない」[*1]という言葉が示すように、外側からだけ観ることとの問題は、そこでは全員が他人事であるということです。

どんな問題も〝会社の一員、経営チームの一員である自分が、それを生み出すに至った一端を担っている〟という立場で観る必要があります。

自分が構築したものであれば、それを変えることができる。力を自分に取り戻すことができます。ですから、外部観察者の視点と同時に、内部参加者の視点が必要なのです。会議に〝内部参加者の視点〟をもたらすために、ファシリテートする人は、会議の参加者に、こう問う必要があるでしょう。

- このことに対するあなたの責任は何ですか？
- あなたはどのように、この問題をつくりだすことに関係していますか？
- あなたには解決に向けて何ができますか？

会議に参加するメンバーは、「会社は…」「社員は…」「あの部門は…」などと三人称で語るだけでなく、「私は（私たちは）、こういうことをする必要がある（考える必要がある／こうしたい／こうできる）」と一人称で話す必要があります。

ファシリテーターに加えて、会議のメンバー自身が、他のメンバーにそれを問う必要があります。三人称で話し続けているメンバーがいたら「あなたはどう思うのか？」「あなたの責任は何か？」「あなたにできることは何か？」と問うのです。

〝外部観察者の視点〟で状況を読み解き、そして〝内部参加者の視点〟に立脚して、それぞれが責任ある態度を取ったら、問題解決に向けた結論が出ないはずがありません。

〝問題認識〟から〝議論〟までの時間差はないか？

世界トップ20のリーダーシップ開発会社として名前を挙げられることのあるヴァイタルスマーツ社（Vital Smarts）は〝アカウンタビリティ・ギャップ〟という面白い概念の研究をしています。

アカウンタビリティ・ギャップとは、問題を特定してから、それについて議論するまでの〝タイムラグ（時間のずれ）〟を意味します。

同社のデイビッド・マックスフィールド氏とスティーヴ・ウィリス氏は「ビジネス上の人間関係・チーム・組織の健康は、問題を〝見つけて〟から〝議論する〟までのタイムラグの平均と相関している」と説いています。

つまりアカウンタビリティ・ギャップが長くなるほど〝チームの健康〟が棄損されるというわけです。

一方で、アカウンタビリティ・ギャップが短い企業では、チームのメンバーはより速く声を上げ、おたがいをアカウンタブルにしています。

進化した経営チームの会議は、問題を見つけたら、まずそれについて素早く議論を始め、しかも他人事にせず、自分事として捉える。

つまり、アカウンタビリティをいち早く自分たちのもとに引き戻し、会議を通して、問題を解決するのがとても速いということになるわけです。

あなたのチームの会議での発言の中には、外部観察者の視点、内部参加者の視点、どのくらいの割合で存在しているでしょうか？

そして、アカウンタビリティ・ギャップはどのくらいの長さでしょうか？

＊1 「How to Collaborate When You Don't Have Consensus, strategy + business, April 3, 2018 by Adam Kahane」より引用

Handbook of TOP MANAGEMENT TEAM

4-3 パーパスを共有する

ここまで何度か〝チームとしての目標〟の必要についてお話ししました。

細分化された〝個々の目標〟ではなく、チーム全体としてどういう目標を持つのか。〝チームとしての目標〟があるからこそそのチームであり、チーム全体の目標に向けて、チームメンバーが動いている時に、共創は起こりうる――そういうお話でした。

加えて、チームには〝目的＝パーパス〟が必要です。

〝パーパス〟は〝目的〟の英語表現ですが〝社会的存在意義〟を表す言葉として、あえてここではパーパスという表現を使っていきます。

パーパス――自社の社会的存在意義を意識しているか？

会社というのは、起業したばかりの時は、経営チームや社員の間で、はっきりとパーパスが意識されているものです。

「社会に対してこんな貢献をしよう」「こういう社会問題を解決しよう」――これらが意識され、社内で話されています。

ところが会社が大きくなると、次第にパーパスよりも目標が優先されるようになっていきます。

特に、会社が上場を目指すとなると、はっきりと〝達成すべき目標〟が目前に立ち現れます。月次目標、四半期目標、通期目標――それらを一つひとつ達成することで、上場が近づいてきます。

各役員は、それぞれの部門目標を意識し、必ずそれを達成するように部下を叱咤激励し、達成が危うくなれば、いらつき、焦り、夜の眠りは浅くなります。

こうしていつの間にか、役員同士は、共創より、ただ自分の責任を果たすことに強く意識が向かっています。

「なんとしても〝自分の目標〟を達成しなければ」

「〝自分の目標〟が行かなかったらまずいことになる」

こうして〝自分が、自分が〟とエゴが肥大化し、協力して何かを生み出すという気持ちが、知らず知らずのうちに薄れます。

ですから、共創が失われてきたと感じたら、また、全員で一つの目標に向かっている感覚が薄れてきていると感じたら、改めてパーパスに戻る必要があります。

「この会社の社会的存在意義は何なのか？」と。

起業したばかりで〝パーパス〟が強く意識されていた時期から、だんだんと〝目標〟が幅を利かせるようになる。そうして、あまりにも目標至上主義になると「ちょっと待て」と立ち止まるときがやってきます。

起業が50年前、１００年前という大企業もたくさんあります。長い月日の中で、これまでも同じパターンを経験しているかもしれません。

「そもそも、何のために我々はこの事業をやっているんだ」――根本を問い直す声が、社長から、役員から上がる。議論が起こり、再びパーパスが戻ってくる。

そうしてそれぞれが〝我に返る〟ことができるわけです。

114ページでご紹介したマイクロソフトCEOのナデラ氏は〝役員がおたがいを知り合う〟ことにチャレンジしただけでなく〝そもそもマイクロソフトは何のためにこの世に存在しているのか〟とパーパスを問い直しました。

彼は自身の著書でこう述べています。


会社を発展へと導いていくためには、私自身の心の中で、そして最終的にはマイクロソフトの全社員の心の中で、次の問いにはっきりとした答えを出す必要があることに気づいていた。『マイクロソフトの存在理由は何か？　この新たな役職での私の存在理由は何か？』

『ヒット・リフレッシュ』（日経BP）

この本を読む限り、問いの答えを探索すべく、ナデラ氏が役員と対話を起こし、社員にも存在理由の探索を促したことが、マイクロソフトが大いなる復活を遂げた要因であったことがよくわかります。

〝組織のパーパス〟を〝自身のパーパス〟に接続する

さて、この〝パーパス〟に立ち戻るときですが、あまり良い結果を生まないのは、コンサルを雇い、社長と一部の人だけで、パーパスを再構築し、それを他の役員、さらには社員に広めるようなやり方です。なぜでしょうか。

〝主体化〟という言葉があります。哲学者であるミシェル・フーコーが晩年に唱えた概念です。

会社というのは、それ独自の考え方（＝パーパス）を持とうとするわけですが、それに自分なりの意味づけをすることに成功した人を〝主体化した人〟といいます。

言い方を変えれば、〝会社のパーパス〟と〝自身の生きる意味〟〝自身のパーパス〟を接続することに成功した人が〝主体化〟する。

会社に肉体的・物理的に所属していても、社会的・精神的レベルで所属していない人――、こうした人は実はたくさんいます。彼らは会社に対して〝主体化〟していません。

週末のボランティア活動やサークル活動には〝主体化〟しているけれども、最も多くの時間を投資している会社には〝主体化〟していない。そうした、たいへん残念なことが起きているわけです。

パーパスとパーパスの接続は、対話を通して起こるものです。

「会社の社会的な存在意義と、自分が生きる意味はどこで交わるのだろうか？」

この問いを、誰かとの間において、たくさん話す中で、その接点がだんだんと立ち現れてきます。

ひとりっきりの孤独な思索の中でも、それは起こり得るものだとは思いますが、効率は悪い。

いろいろな人から〝接点の見出し方〟を聞き、参考にする。それによって生まれるおぼろげな接点を、周囲に共有する。それがまた周囲の人の接点の持ち方に影響を与え、場に共有される。それを聞いて、さらに接点が少し明確になる――。

問いを間に置き、対話を続けた方が、接点は明らかに早く、そしてくっきりと見出せるでしょう。

トップがパーパスを作り、ただ〝下に落とす〟だけでは、パーパスとパーパスの接続は起きにくいものになってしまいます。

特に〝最も主体化した存在〟でいてほしい経営チームのメンバーに、社長が落としてしまうのは、あまりにもったいない。会社に対する強烈なエンゲージメントを役員の中に育むチャンスなのですから。

役員であれば、当然〝主体化〟しているだろうと思われるかもしれません。しかし、23年のエグゼクティブコーチの経験から、決してそんなことはないと言えます。

役員といえども、会社と自身のパーパスを接続できずに〝やらなければいけないからやる〟といった義務感で動いている人は多いものです。

パーパスについて経営チームで対話する

まずは、少なくとも経営チームのメンバーで、パーパスについて改めて話す場、対話する時間を設けるのが良いのではないかと思います。

より洗練されたチームは、そのメンバーの大半が間違いなく主体化しているはずで、そのためにも、パーパスについて経営メンバーで話す時間を取るべきなのです。

問いはシンプルでいいでしょう。

- この会社は、何のために存在しているのか？
- この会社がなくなったら、社会にどんな影響があるのか？
- この会社は、どんな価値を、誰のために生み出そうとしているのか？

こうした問いを間に置いて、5人で、10人で、20人で話します。

弊社は現在、起業から23年の会社ですが、まさにここまで書いてきたような変遷をたどりました。

起業した最初は10人ぐらいで、パーパスに向かって毎日わいわいと話しながらやっていたのが、50人、１００人、１５０人と規模を増すにつれて、パーパスよりも目標を強く意識するようになりました。そして、あるとき「そもそもパーパスはなんだったのか？」という問いが、改めて自分たちに迫ってきました。

そこで、まず８人の役員で、パーパスについて話すことを始めました。

前ページのような問いを置いて、毎週1時間の対話の時間をとりました。

「コーチ・エィの社会的存在意義ってなんだろうか？」

それぞれが思い思いに話し、おたがいにそれを聞き、その聞いたことに刺激を受けて、また自分の新しい考えを伝えました。

時に拡散し、時に収束し、一旦まとまりかけたと思ったら「やっぱり違うな」となり、一から始め直しました。

パーパスを改めて言葉にするのに10回、10時間かかりました。

一旦言葉にはなったものの、今でも3週間に1回ぐらい、役員で集まり、パーパスについて話し続けています。

先日ひとりの役員がミーティングが終わった時に言いました。

「パーパスについて話している限り、そう会社は変なことにはならないですね」

そして、この対話のプロセスの中で、役員の一人ひとりが〝自分が生きる意味〟を、パーパスの中に見出すことができたようです。ただ、パーパスを聞かされるだけでは、それはなかなか起きません。

繰り返し言いますが、会社を牽引する経営チームのメンバーは、強烈に主体化している必要があります。それには、経営チームで「これだ！」というところまで、パーパスについて話し込むことが大事なのではないかと思うのです。

神戸製鋼ラグビーチームが会社の歴史を学んだ理由

ラグビートップリーグのチームに神戸製鋼があります。

神戸製鋼は、その昔〝ミスターラグビー〟平尾誠二を擁して日本選手権を7連覇して一世を風靡しました。

その後、低迷したわけではありませんが、長く優勝に届かない時期が続きました。そして、２０１９年に、久しぶりにトップリーグで優勝を遂げました。その強さは圧倒的で、決勝でも対戦相手のクボタを43対7の大差で引き離しての勝利でした。

この神戸製鋼の総監督を務めたのがウェイン・スミス氏です。オールブラックスのコーチも長年務め、ラグビー大国ニュージーランドで大変尊敬されている指導者です。

彼は、ニュージーランドやオーストラリアから来日して、神戸製鋼に加わる超有名選手たちに、まず、神戸製鋼という会社の歴史を学ばせたそうです。工場に連れて行ったり、オフィス見学をさせたりしました。

何よりも大事なのは、会社の歴史、そしてクラブの歴史を学ぶこと。社会の中で、何のためにこの会社が存在し、何を目指してこのクラブが存続してきたのか。それを知らずしてラグビーはできないというのです。

彼は選手を主体化しようとしたのだと思います。なんとなくチームに所属してプレーするのではなく、会社やクラブの歴史を学ぶ中で、何のために自分はここでラグビーをするのかという、強い目的意識を持たせようとしたのでしょう。

オールブラックスというチームは、歴代勝率87パーセントという圧倒的な強さを誇るチームです。他のスポーツを見ても、これだけの勝率をたたき出しているプロチーム、国の代表はないでしょう。

オールブラックスでは、メンバーとして選出されチームに入ると、まずオールブラックスというチームのパーパスについて共有されるそうです。

「オールブラックスの一員になることは文化の遺産の担い手になることである。その役割は〝ジャージをより良い場所に置く〟ことである。これによってもたらされる謙虚さ、期待、責任は勝負のレベルを引き上げる。その結果、チームは世界最強になる。」

『問いかけ続ける』（東洋館出版社）

言葉を与えられるだけではありません。選手は同時に問われます。

オールブラックスの一員であることの意味は何か。ニュージーランド人であること

は何を意味するのか。(同)

自分たちで考え、咀嚼し、自分たちの生きる意味とオールブラックスの一員であることの意味を、接続させる時間がふんだんに取られるわけです。そうして、オールブラックスに〝主体化〟していく。

神戸製鋼やオールブラックスのチームぐらい、経営チームのメンバーが主体化したら、きっと圧倒的な結果を残せるようになると思うのです。

Handbook of TOP MANAGEMENT TEAM

4-4 関係性にチャレンジする

Googleの元会長で、現在は顧問のエリック・シュミット氏。会長に就任した2001年当時、ボードメンバーから、こう助言を受けたそうです。

「コーチをつけた方がいい」と。

「なぜ今更コーチを？　私はCEOであるその経験を十分既に積んでいるのに、なぜコーチを？」

そうシュミット氏は憤慨したそうです。しかし、実際にコーチをつけてみて、考えが変わったというのです。

「コーチは私を観察し、私のベストを引き出すわけです。コーチは別の視点で事象を観察し、〝私の言葉〟で私自身にそれを説明し、問題へのアプローチを問いかける存在だということがわかりました」

ＣＮＮマネードットコムのインタビューで「あなたがこれまで手にした最高のアドバイスは何ですか？」という問いに対して、シュミット氏が話した内容です。

ＣＥＯはコックピットに座って、様々な計器に多くの情報が入ってくるのを見て、経営の舵取りをします。

問題は、会社が大きくなればなるほど、会社に関する多くの情報がより詳細に計器によって示される反面、ＣＥＯ自身についての情報は入りにくくなることです。

シュミット氏が、Ｇｏｏｇｌｅのいわば創設期に、自身にコーチをつけたことは、彼がＧｏｏｇｌｅの経営に成功する大きな一助となりました。彼はその後もずっと続けて自分自身にコーチをつけたと言われています。

エリック・シュミットがコーチをつけ続ける理由

このエリック・シュミット氏が、２０１４年に日本経済新聞社の招きで来日しました。

その際に開催された講演会の抽選に、弊社の女性スタッフが当選し、聴講に行くことになりました。彼女が、私にそのことを伝えてくれたので、それならばと彼女にひとつお願いをしました。

「おそらく最後に質疑応答の時間があると思う。そこで手を挙げて聞いてほしい。なぜこれほど長い間自分にコーチをつけ続けているのかと」

勇猛果敢な弊社の女性スタッフは、シュミット氏の話が終わると、真っ先に手を挙げて聞いたそうです。

「なぜ、シュミットさんはこんなに長い間、自分にコーチをつけ続けているんですか？」

彼は答えたそうです。

「Ｇｏｏｇｌｅは世界中からたいへん優秀な人たちをたくさん集めている。多くの才能のある人たちがいる。しかし、必ずしも、彼ら彼女らと僕の気が合って、うまくやれるわけではない。そういう人たちと、付き合い、対話し、何かを一緒に生み出すことができるように、自分はコーチをつけている」

エリック・シュミット氏が語るコーチとは、ベストセラー『１兆ドルコーチ』（ダイヤモンド社）でフィーチャーされている〝伝説のコーチ〟ビル・キャンベル氏です。

彼は、アメリカンフットボールのコーチからエグゼクティブコーチに転身した人で、アマゾンのジェフ・ベソス、アップルのスティーブ・ジョブスなどもコーチングしたと言われています。Ｇｏｏｇｌｅにおいては、シュミット氏のみらず多くの経営陣をコーチしました。

エリック・シュミット氏は、このビル・キャンベル氏のサポートも受けながら、関係性にチャレンジし続けた。

Ｇｏｏｇｌｅの経営チームも、ときに誰かが去り、そしてまた新しい人が加わります。「あまりこの人とはうまく付き合えないな」だから「あきらめよう」では、経営チームはバージョンアップしていきません。

組織のルーティンをどう扱うか

多くの人に経験があると思いますが、ある程度〝できあがったチーム〟に、外から新しい人が入ってきたとき、その人がチームに溶け込むのはそんなに簡単ではありません。チームには〝暗黙の了解〟があって、「こういうことはこの場で言うけど、これは言わない」など、たくさんのいわゆる〝ルーティン〟がチームにはあります。ルーティンがあること自体は、良い悪いの話ではありません。どのチームにもルーティンはあるからです。

ルーティンは職務内容のように、言語化されて紙に記されているわけではありませんから、外部から新しく入った人は、それを読み解く必要があります。

あくまでも一般論ですが、日本企業の場合、これを読み解こうとするあまり、自分自身の主張は控えることとなり、外部者がすぐに力を発揮できないことが多いのです。

ですが、米国企業では、自分の主張をはっきりしますから、ルーティンとぶつかることが多いはずです。

おそらくシュミット氏も、Ｇｏｏｇｌｅのルーティンをまとった自分たちと、新しく外から来たとても優秀な、しかしルーティンを解さない人との間での葛藤に悩まされることがあったのではないかと思います。

しかし、それは当然経営チームが長く存続していれば起こることです。所与のものとして扱い、新しい人と関係をつくることをあきらめないのが大事であろうと思います。

大切なのは、新しい人と関係を築くことばかりではありません。

ずっと一緒にやってきた人同士は、ルーティンの中にからめとられてしまって、新鮮な対話ができなくなることがあります。

本来なら、ここでこういうことを言ったほうがいい。そう思っているのに、なんとなくそれを言うことを避けてしまったりすることです。

そうすると「ここでは、そういうことは言わないほうがいい」といったルーティンが、知らず知らずのうちに形成され、それに日々のコミュニケーションが影響されていきます。

どんなに昔から付き合っている仲間に対しても、馴れ合いになることなく、ルーティンを超えて、毎日関係を新しくしようとする。新鮮な気持ちで毎日新しい対話を起こす。

そうしたマインドを、経営チームのメンバーが持ったとき、経営チームは日々、その力を高めるのだと思います。

あなたの経営チームのメンバーを想像して、以下の問いについて考えてみてください。

もし、あなたが、経営チームのメンバーではないとしたら、自分の周りの人を想像して考えてみてください。

- あなたがコミュニケーションを交わすときに躊躇する人は誰ですか？
それはなぜですか？
- あなたが対立することを避けている人は誰でしょうか？
それは、なぜでしょうか？
- あなたが最も主観的に、自分の思ったことを自由に話せる人は誰でしょうか？
それはなぜでしょうか？
- あなたにコミュニケーションを取ることに躊躇を感じる人は誰でしょうか？
それはなぜでしょうか？
- あなたと対立することをできれば避けたいと思っている人は誰でしょうか？
それはなぜでしょうか？

● たくさん話しているけれども、あまり身にならない人はいますか？
なぜ身にならないのでしょう？
● 話すと不快だけれども身になる人はいますか？
なぜそうなるのでしょうか？
● あなたが今すぐ関係を変えたい人は誰でしょうか？
変えたらチームはどのように変わるでしょうか？

どんな思いが頭を巡ったでしょうか？
あなたは、どんな関係性へのチャレンジをしてみたいですか？

Handbook of TOP MANAGEMENT TEAM

4-5

「悪口」を外に出さない

どんなチームも、うまく進んでいるときもあれば、流れが悪いときもあります。

目的、目標が明確に意識され、共創が起こり、気持ちがつながっている。縦のコミュニケーションも横のコミュニケーションも活発に行われ、会議は活性化し、コンフリクトも厭わない。

しかし、あるとき突然、会社がトラブルに見舞われる。

情報漏洩、顧客からのクレーム、メディアからのバッシング、業績の低下、突然の敵対的買収の計画……。

さまざまなリスクにチームはさらされています。

そんなとき、もちろん人間ですから、チームの誰かに不満を抱くことがあるでしょう。

「彼の対応のせいでこれだけ被害が大きくなったんじゃないか」

「自分がこれだけ時間を使って対応しているのに、なぜ彼はコミットしないんだ」

「なぜ自分を責めるんだ。それはお門違いだろう」……。

直接話す——不満を解決するための大原則

心の中に、相手への強い不満の気持ちが起きたときの大原則は〝直接話す〟です。

あまりにシンプルですが〝直接話す〟。

なにがあっても〝直接話す〟。

「言いにくいけれども、実はこう思っている。そっちはどう思ってる?」

そうやって直接話すのです。

誰か別の人に話したからといって、その問題は決して消えてなくなりません。

直接、思っていることをぶつける——それが最もコミュニケーション・コストを上げない最善の方法です。

コミュニケーション・コストというのは、簡単に言えば、問題を解決するために費やす必要のあるコミュニケーションの量のことです。

直接話せば、必要なコミュニケーションの量は、比較的少なくて済むものです。

それなのに、他の人に不満を漏らせば、それが間接的に相手に伝わり、相手はあなたに対する不信をまた別の誰かに伝え、それがあなたに伝わって、どんどんおたがいの間に疑心暗鬼が募り、余計に話しにくくなり……。

こうなってから問題解決をするのは本当に大変です。

この間に他人に不満を漏らしている時間を含め、このことについてコミュニケーションしている時間は膨大なものになるでしょう。それは、とにかく効率が悪い。だから、不満を感じたら直接話す。

しかし、ただ直接話しても、不満をぶつけ合っているだけでは、物事は前に進みません。

不満をリクエストに変える

人間関係が〝よれる〟最大の原因は、不満をリクエストに変えて伝えられないことです。

「なんであなたはこうなんだ！」

こちらの視点から見れば、もちろんそうなのですが、相手には相手の視点があります。

一方的に不満をぶつければ「なんでそんなこと言うんだ！」となるに決まっています。

相手は0・25パーセントの成功者〝選ばれた人〟ですから、簡単に心の底から非を認めはしないでしょう。


だから、不満はリクエストに変える。

「これは止めてほしいんだ」「こうしてほしいんだ」とリクエストを伝える。

もちろんそれに対して「いやできない」という答えが返ってくることもあるでしょう。

そうしたら、「では、これならできるか」とまたリクエストすればいい。相手にもリクエストをさせればいい。

国と国同士で考えるとわかりやすいですが、相手をただ非難し合っている二国間では何も進みません。

「こうしてほしい」「これは止めてほしい」とリクエストを出してはじめて、交渉のテーブルに両者がつき、物事が進展しはじめます。

「それはできないけれども、では、何がおたがいにできるだろうか?」と解決に向けたコミュニケーションが始まります。

それはどちらかがリクエストをするところからスタートします。

ずっと不満を、しかも陰で言い合っていると、国同士も人間同士でも、関係はどんどんよれて腐っていきます。

チームづくりで最も大切なこと

不満を感じたら、できる限り別のメンバーに言わずに、直接に本人に伝える。

できれば、リクエストの形で。

「難しいけれど、その通りだろう」と、みなさんの経験的にもご理解いただけるのではないかと思います。

加えて、留意していただきたいことがあります。このセクションで最も強調したいポイントです。

百歩譲って、例えば専務への不満を他のメンバーに漏らしたとしても〝決して、絶対に、チームの外の人に不満、非難を伝えない〟こと。今風に言えば、仲間を、チーム外の人に対して〝ディスらない〟ことです。

これはチームがチームであるためにとても大事なことで、これを破ってしまうと、あっという間にチームは瓦解します。


金融会社の営業で専務に就いた女性のことについて前述しました。

彼女に「チームづくりにおいて最も大切なことはなんですか？」と伺ったときに、真っ先に出てきた回答がこれでした。

「一番大事なのは、仲間を部下に対してディスらないことですね。これをすると、まず経営チームに対する部下からの信頼が下がります。同時に、そういうことを言っているというのは、なんとなく空気で伝わるんですね。だから一気にチームの雰囲気が悪くなる。何か思うところがあったら何でも言ってほしい。私にも、他の人にも、直接。このチームの外に非難は出さないでほしい。そうしつこいくらいに言っています」

経営チームは常に試されています。

トラブルが起き、思わず相手を非難したくなる時に、それを内側で留められるか。

何があっても、不満非難は外に出さない。

直接話す。

リクエストする――。

これらをする度合いが強くなればなるほど、チームとしての結束力はより強く固くなるでしょう。

Handbook of TOP MANAGEMENT TEAM

4-6 外とつながる

4-1「対立を活かす」では、チームを進化させるには、対立をいかに効果的に扱えるかが大事であり、それにはステージがあるとお伝えしました。

最終的には、メンバーの誰からでも〝創造に向けた対立〟が喚起されるようになるのが、本当に対立を効果的に扱えているチームであるということでした。

しかし、ここでひとつ問題があります。

どんなに対立を意識しようとしていても、ずっと同じチームでやっていて、コミュニケーションを日々多く取っていれば、だんだんと物の見方がメンバーの間でそろってきて、対立を起こそうにも、対立の火種自体が少なくなるということです。

それならば対立など起こさなくてもいいのではと思われるかもしれません。

しかし、対立が起きないということは〝視点の違い〟がチームの中にあまりないことを示唆しています。

それは〝いろいろな視点が重なり合う中で、意見が螺旋状に進化して、より質の高い視点を獲得する〟という動きが、チームの中に起きにくいことを意味しています。

チームがまとまりやつながりを高めれば高めるほど、パラドックスとして、クリエーションが起きないということが起こり得るわけです。では、何が必要でしょうか。

ネットワークから新しい視点を獲得する

カリフォルニア大学サンタバーバラ校教授のポール・レオナルディ氏とノースウェスタン大学教授のノシャー・コントラクター氏が「ハーバード・ビジネス・レビュー」に寄稿した文の中で、以下のように述べています。

多様なアイデアや情報を入手するという点で、チームメンバーが他のメンバーと重

複しない広い社会的ネットワークを持っていることが望ましい。（中略）

チーム内の相互作用が多いと、考え方が似通ってきて対立が少なくなる。これは効率性という意味ではプラスだが、イノベーションという意味ではそうではない。最もイノベーティブなチームには、ブレークスルーに達するために必要な創造的摩擦を生じさせる、意見の相違と議論、時には衝突が付き物なのだ。

ハーバード・ビジネス・レビュー（2019年6月号）

チームのそれぞれのメンバーが、外側との豊富なネットワークを持っていると、それぞれが新しい視点、意見を獲得することができます。

そして、それをチームの中に積極的に持ち込むことで、意見の違い、視点の違いが顕在化し、対立が起き、イノベーションにつながるということです。

であれば、それぞれが外に行けばいいだろう、となるわけですが、そううまくはいきません。チームの居心地がよければよいほど、チームの中で過ごす時間が多くなるからです。

ですから、うまくいっているチームほど、かなり意識的に「外に行こう」「外に行かなければ何も新しい視点は手に入らない」「結果ぶつかり合いも、内側のクリエーションも起きない」ということを常日頃、チームの中で話題にしている必要があるでしょう。

トップだけが外とつながることの危険性

一般論ですが、ときに経営チームの中で、トップである社長だけが、外とのつながりを強く持ち、新しい情報に積極的に触れているようなケースがあります。

各役員は、各部門の執行責任者として忙しい。一方、社長は特定の執行部門のオペレーションをしているわけではないので時間があって、だからどんどん外に出ていく。

そうなると、社長は外で仕入れた情報をどんどん社内に持ち込み、あれをやろう、これをやろうとなります。

役員は社長に反論をしづらく、それをただ受け身で聞くばかり。社長と役員には情報格差がありますから、なおさら受け身になります。

意見のぶつかり合いは起こらず、役員の中に〝聞かされ感〟〝やらされ感〟ばかりが漂うことになってしまう──そんなケースです。

ある小売企業のトップは「会社を変えなければいけない」という危機感から、積極的に外に出て、様々な業界の人とコンタクトし、会食し、情報をチームに持ち帰りました。新しい情報を携えた社長からは、内部の人間が、どうしても〝旧態依然〟としているように見えます。

ですから、社長は「外はもっと進化している」「なんで君たちは今のところに留まっているんだ」「もっと外に出ろ」といったことを言い始めました。

それは正論ではあるわけです。しかし、聞いている側の意識には別の思いが浮かびます。「こんなに大変な毎日を過ごしているのに、外に行く時間なんかどこにあるんだ」「社長が外から持ってくる情報をベースにプロジェクトができて、それが我々に押しつけられる。一体どこに外に行く時間があるんだ」

直接、社長に言うことはありません。そして、どんどん役員は受け身になっていきます。出だしは順調だった社長と役員の間に、大きな精神的な距離が生まれていきました。

結果、この会社では役員の一部が、社外取締役に、社長がトップとして不適格だということを訴え、取締役会で動議を出され、社長は退任を余儀なくされることとなりました。

これは、どちらが悪いということではないでしょう。

ただ「チームが創造を起こすということは、ある一定の時間、それぞれが〝外〟に触れ、意見を持ち込み、意図的に対立させることが重要」という考え方を持つことができなかったがゆえに、起こった悲劇ではないかと思うのです。

あなたのチームは今どんな状態でしょうか？

チームとしてうまくいって、それぞれがチーム外の人と触れ合う時間が少なくなっていたりはしないでしょうか？

今の仕事のつながりの、いつも会っている人ではなく、新しいネットワークをつくろうと、それぞれのメンバーがどれだけチャレンジしているでしょうか？

トップだけが、それを積極的に行い、外から情報を持ってきて、周りはそれに対して受け身になっているということはないでしょうか？

4-7 フィードバックを受ける

第3章「チームの土台をつくる」でメタコミュニケーションの話をしました（89ページ）。チームの状態を自分たちで俯瞰して上から見て、そこで交わされているコミュニケーションについてコミュニケーションをする。そうしたメタコミュニケーションによって、自分たちでチームの状態を認識し、そして変えるべきことは何かを見定めていくことが大事であるということでした。

メタコミュニケーションを起こすためのツールとしてDACG（Dialog Assessment for Corporate Governance）というアセスメントがあるということもお伝えしました。ある企業では、このDACGを毎年実施することによって、常に自分たちの状態を客観的に見ようとしているという話もしました。

これは、毎年体重計に乗るようなものです。自分の体重が、今何キログラムなのかを、定期的に自分たちで見極めて、軌道修正の方向を見定める、そんなアプローチです。

外部の視点からフィードバックを得る

メタコミュニケーションは軌道修正する上で、とても大事なアプローチですが、チームを常に進化させていくには、チームの状態をより客観的に知るために「外部の視点からフィードバックを得る」ということを加えるとよいかもしれません。

＊　＊　＊

ある食品メーカーのトップが以前こうおっしゃっていました。

「経営会議を活性化させるために、いろいろな工夫をしてきました。あるところまでは良かったのですが、だんだんより良くするためのアイディア自体があまり自分たちから出なくなってきました。そんなに問題があるようにも思えなかったので、そのままでもよかったのですが、外側からの視点も少し入れたいと思いました」

「そこで、執行役員以上の経営会議を部長層にオブザーブさせるようにしたんです。部長たちにとっても役員が何をどんなふうに議論しているかを見ることは刺激になる。役員も見られているという意識からいい加減な議論はできない。これまでにない、良い緊張感が生まれました」

社長は、会議が終わるたびに、何人かの部長に声をかけて「会議に対してどう思ったか」フィードバックを求めたそうです。

●思った以上に率直に意見を執行役員が言い合っていて、とても良い会議だと思った
●経営マターについて、どんな議論がされ、どのように意思決定されているかに触れることができて、とても良かった
●何が全社的に課題となっているのかが、よくわかった。他部門との連携がしやすくなりそうだ

こうしたポジティブなフィードバックがあった一方で、改善を促すフィードバックも多数あったそうです。

●発言する人と発言しない人に少し差があるように感じた

- 社長の意見に対しては、役員が反論することに躊躇をしているように見えた
- 時間内に結論を出すということを優先して、本来もっと深めたほうがよいと思われる議論も、途中で打ち切られているように思った
- 未来に向けてどういう戦略を取っていくかについて、もっと話されてもいいように思う
- 細かいことを詰めるのに時間をかけ過ぎているように見えた。そこは、大枠を決めて、現場に落としてもらってもいいように感じる

「部長を会議に入れたことは、思っていた以上に、メリットがありました。自分たちだけでは気がつけないことがたくさんありますね」――そう社長はおっしゃっていました。

社員もまた〝頭脳〟である

会議は、チームのあり様、その時の状態、関係性をわかりやすく表現します。

ですから、それを他者に見てもらうのは、チームを進化させるために、とても意味があ

ることのように思います。

会議のオブザーブという機会を取らなくても「経営チームはどんなふうに見えている？」と、何気なく、周りの社員に聞いてもいいでしょう。秘書に、課長に、遠く離れたように感じる新卒なんかに聞いてもいいかもしれません。

実際に、経営チームのやりとりに触れていなくても、なんとなくの印象は持っているかもしれません。それが思わぬ貴重な情報となることもあるでしょう。

経営チームは〝会社を牽引するトップリーダーチーム〟であり、最も〝会社のことをわかっている集団〟であり〝会社の頭脳〟。だから〝社員は経営チームについてくるべきである〟という強いエゴを経営チームが持っていると、周りからのフィードバックと新しい視点を活かすことは難しくなります。

そうではなくて、あくまでも〝経営チームは会社の一機能〟であり〝多くの他の機能と影響し合い、作用し合うことによって、その可能性を高めていくものだ〟という認識があれば、積極的に周りからのフィードバックを求めるでしょうし、孤高の存在として他から切り離されるようなこともなくなると思います。

余談ですが、国会というのは、国民によって選出された議員が会議をする場です。それは、テレビで中継され、国民の目にさらされています。

〝扱っている問題の真相がどうか〟ということだけでなく〝会議として見た場合、あれはどうなのか〟という議論があってもいいと思うのです。

つまり、もっと議事の進行について、フィードバックをもらうということです。

- 質問のクオリティはどうか？
- 答弁のクオリティはどうか？
- 何をあそこで実現しようとしているように見えるか？
- 国の会議として見た場合、そのクオリティはどうなのか？
- そもそも会議はどんな役に立っているのか？　何のため、誰のための会議なのか？

会議もチームも、外部の目を入れなければ決して進化することはありません。

Handbook of TOP MANAGEMENT TEAM

4-8 チームの理想を追求し続ける

ここまで、チームをどう進化させることができるかについて見てきました。
チームで事をなすというのは、考えてみればとても人間的な営みです。そもそも〝人間がこの地球上でどうやって生き延びてきたのか〟に思いを馳せると、そのことがより明確に認識できるのではないかと思います。

虎やライオンは、牙や爪、その力強い筋肉によって生き延びてきました。
象は、その圧倒的な大きさと重さによって。
チーターは、その敏捷性によって。
では、人間は……？

人はチームで成し遂げる

人間は〝協力関係を築き上げること〟によって、他の動物に対して圧倒的なアドバンテージを取ってきました。

力だけであれば、あるいは、単独であれば、おそらく人は猫にさえ勝てないのではないかと思うことさえあります。しかし、集まり、力を合わせることによって、マンモスのようにはるかに大きな動物にも優位であることができた。

そもそも人間は、チームになり、チームとして力を出すように、宿命づけられているのだとも思います。

ほんの少し、自分のこだわり、エゴ、プライドを脇に置いて〝みんなの目標〟と〝パーパス〟に意識を向ければ、人はチームで何かを成し遂げることができるのです。

そして、ここまで見てきたように、チームにはおそらくレベルがあります。その意思があれば、チームはもっと進化させることができます。

チームが進化すればするほど、チームとして達成できることは大きくなりますから、とてもエキサイティングです。

マンモス1頭をやっと倒していたところから、チームが高まれば、2頭、3頭、10頭、さらには100頭を同じメンバーで倒すことができるかもしれないのです。

理想のチームについての問いを持つ

「どうすれば、もっと、もっとチームを高めることができるのか？」

その問いを持ち続けることはとても価値のあることのように思います。

いくつかの問いについて考えてみてください。

- 最高のチームとはどのようなチームでしょう？
- 映画でも、小説でも、もちろん現実のチームでも、モデルとなるようなチームはあるでしょうか？
- 今の倍の成果をチームとして挙げるためには、チームの何を変える必要があるでしょうか？

●理想のチームにおける、おたがいの関係性とはどのようなものでしょうか？

●理想のチームでは、どんなコミュニケーションがおたがいの間に交わされているでしょうか？

●理想のチームを実現するために、あなたはどのように変わる必要があるでしょうか？

●なぜ今、理想のチームを実現できていないのでしょうか？

●理想のチームになるための障害とは何でしょうか？

●理想のチームが実現したら、その先にはどんなチームを目指すのでしょうか？

●目指したチームが実現したら、さらにどんなチームを目指すのでしょうか？

人と人は、どこまで協力し合い、どこまで大きなことを一緒に成し遂げられるのでしょうか。

イエール大学の博士号を持つ心理学者のケネス・ガーゲン氏は「どうすれば一緒にアイデアを創ることができるのか、その練習が少なすぎる」と言っています。

ビジネスマンは、交渉の練習をする、説得の練習もする、プレゼンの練習もする。

しかし、どうすればアイデアを一緒に創り、それを実現するかの練習はほとんどしない。MBAスクールでも、それは教えない。

協力し合うこと、一緒に何かを生み出すことは、人間の天性《ネイチャー》であるけれども、それをどう高いレベルで実現できるかについては、MBAのテキストには書いてありません。

だからこそ、自分でチームの理想を描き、描き続け、それを実現するために何ができるかを、常に問い続け、行動し続けることが大事だと思うのです。

あなたの理想の経営チームは、どのようなものでしょうか?

本章のポイント

チームを進化させる

対立を3段階に分けて活用することで、チームは進化する。
〈第1段階：むき出しのエゴ同士の対立〉→〈第2段階：対立は〝おたがいの違い〟〉→〈第3段階：創造のために対立する〉

5つのポイントに留意して会議の質を高めていく
1　発言することに躊躇がない
2　議論が本質的なことに向かっている
3　臨機応変、話すべきことを話す
4　効果的なファシリテーション
5　会議の終了時に不全感がない

メンバーに「このことに対するあなたの責任はなんですか？」と問い、問題に対する内部参加者の視点をもたらす。

個々の目標達成至上主義になっていると感じるならば、パーパスについて話す時間を取る。

会社と自身のパーパスを接続しなおし、経営チームメンバーを強烈に主体化する。

組織には〝暗黙の了解〟〝ルーティン〟が必ず存在し、外部者の力の発揮を妨げたり、内部で新鮮な対話をできなくする。日々新しい対話を起こすことにチャレンジする。

不満はチームの外に漏らしてはならない。不満をリクエストに変え、直接対話する。

うまくいっているチームからは対立の火種となる〝視点の違い〟が少なくなる。新たな視点を持ち込むために、メンバーそれぞれが外とつながることが重要となる。

外部からのフィードバックでチームの状態を知る。社員はその有力なリソースである。

共にアイデアを創る方法はＭＢＡでも教えられず、目を向けられることが少ない。「どうすればもっとチームを高められるか？」と問い、理想のチーム像を更新し続ける。

第5章

強い経営チームをつくる個人とは

Handbook of TOP MANAGEMENT TEAM

5-1 自分に何を問いかけるか？

ここまで、おおむね〝チーム〟を主語とし〝チームは何を必要とするのか〟を論じてきました。

経営チームをチームにするための〝土台〟をどうつくるか。そして、チームをどう〝進化〟させることができるかについて。さらには、チームには〝目的〟が必要であり、クリエーションのために時に〝対立〟が必要であり、チームは〝会議〟をバージョンアップする必要があるとお話ししてきました。

チームは一人ひとりのメンバーで構成されているわけですから、実際に何かをするのは〝チーム〟ではなく、一人ひとりのメンバー、つまり〝個人〟です。

一人ひとりの個人のコミュニケーションが変わるから会議が変わるのであり、対立が起るのであり、目的が形成されます。

この章では、〝チームメンバー個人〟を主語として、その個人が、普段どんなことを考え、どんなマインドを持ち、どんなことに取り組んでいれば、チームはそのレベルを高めうるのかについて考察したいと思います。

つまり、個人がどんな個人であろうとすれば、チームはより良くなるのか？——そのことについて見ていきます。

無意識の〝自分への問い〟が思考を生む

まずは、良い経営チームの一員の〝思考〟について考えます。そのために〝人はどう思考しているか〟ということについて考えてみたいと思います。

あなたは自分がどのように思考しているかについて、振り返ったことがあるでしょうか。

シンプルに言えば、思考といわれるものはQ&A、つまり自問自答によって成り立っています。〝問い〟と〝答え〟がかわるがわる順番に連なって思考を形づくるのです。

例えば、朝起きます。そこで、まず自分に問いかけます。
Q「今日のスケジュールなんだっけ？」
そうすると回答として
A「あっ、今日は大事な会議があるな」
次にまた問いかける。
Q「何着て行こう？」
そして回答は
A「スーツを着ていくか」
さらに問いかける。
Q「何色のネクタイがいいだろう？」
回答は、
A「今日は赤にしよう」

このQ（自分への問いかけ）は、たいてい無意識です。ですから、自分が自分に何を問いかけたのかを、意識的に覚えていることは少ないのです。

ですが「今日は大事な会議だな」という認識は、無意識の問い「今日のスケジュールは？」が刺激となって、頭の中に生まれています。

無意識に生まれる〝自分を守るための問い〟

人は一日中、自分自身にさまざまな問いかけをして、その問いに影響され、刺激を受けて、答えを出し、行動を起こしています。

仮に自分への問いかけが「どうすればこの仕事を期限内に終わらせることができるだろうか？」というもので占められていれば、まさにタスクに集中した行動が起きるでしょう。

悪いことではありませんが、もし社長が毎日、この問いを自分にしていたら、社長という役割は務まらないでしょう。この問いでは新しい未来を生み出すことはできませんから。

あるいは、もし多くの役員が「社長が嫌がることはなんだろう？」とかなりの頻度で自分に問いかけていたら、まさに、社長の顔色をうかがう経営チームのできあがりです。

何を自分に問うかは、とても行動への影響が強いものです。それが、どんな行動を選択するかをほとんど決めてしまう、と言っても過言ではありません。

さて、先ほど自分への問いかけは無意識だと言いましたが、無意識であるがゆえに、自分ではなかなか自分に何を問いかけているかを認識することは難しいものです。

誰が数えたか、一説によれば、人は1日1000回ぐらい自分に問いかけをするそうです。しかも、その大半の問いは、問いかけたという認識がありません。

この認識のない無意識の問いかけは、なぜ生まれるのかといえば、それは〝自分自身のプロテクト〟のためです。つまり、自分を守るために、問いかけというのは起こります。

当たり前のことですが、人の最大のミッションは、自分を生き残らせること。サバイバルにあります。ですから当然、問いかけは、自分のサバイバルに向けられます。

「これで大丈夫だろうか？」

「自分はちゃんとやれているだろうか？」

「周りから認められているだろうか？」

経営チームの役員たちも同じです。こうした社会的サバイバルを確認するための問いがベースとなって、さまざまな時と場合に合わせた自分への問いが生まれます。

「この役員チームの中で、ちゃんとやれているだろうか？」

「社長から、自分の行動は評価されているだろうか？」

「さっきの会議での発言は、どのように他の役員に受け取られているだろうか？」

「十分に役員として貢献できているだろうか？」

「自分の目標は達成できるだろうか？」――というようにです。

こう聞くと、役員が自分のことばかりを考えている〝小さい人間〟の集団であるように感じられるかもしれません。

しかし、ここでお伝えしたいのは、人である以上、必ず自分が所属する社会集団の中で、自分自身がうまく機能しているかをチェックするものであり、それが自分への無意識の問いという形で、ある一定の分量、内側に立ち起こるということです。

2種類のセルフトーク

人が自分の内側で話すサイレントトークには、2種類あります（拙著『セルフトーク・マネジメントのすすめ』はこのことについての本です）。

ひとつは〝勝手に〟生まれ出てくるセルフトークです。先ほどからお伝えしている無意識の問いがこれです。

それを拙著では〝セルフトークA〟と呼びました。Aはオートマティック（Automatic）のA。自動的に生まれるということを示しています。

セルフトークAは、感情的な反応を導くものです。ポジティブな感情は気にする必要はありませんが、サバイバルのためのセルフトークは多くの場合、ネガティブな感情を引き起こしてしまいます。

もうひとつは〝自分で意図し、意識してつくり、自分に投げかける〟セルフトーク。これを〝セルフトークB〟と呼びました。Bはベア（Bear）。生み出すという意味です。

セルフトークBは理性的なものですから、建設的な対応を生み出すことができます。

思考がQ&Aで成り立っているとすれば、その思考を形成するQ（問い）のかなりの部分は〝セルフトークA〟で感情的な反応を導くものです。

経営者が感情的な反応ばかりで行動していたら、良い結果を生まないであろうことは、共感していただけるのではないでしょうか。

つまり、セルフトークBとなる、理性的で建設的な問いを、いかに意志の力で生み出すかが重要なのです。話を経営チームに戻せば〝経営チームをより良いチームにするためのセルフトークBをいかに自分で生み出せるか、ということです。

- このチームの何を変えたいだろうか？
- そのために自分はどう変わろうか？
- 世界一の企業の経営チームはどういうものだろうか？

こうした問いを、一日中、自分に問いかけていたら、その人は、チームをバージョンアップさせる強力な変数となるでしょう。

問いが変わり、行動が変わり、それが結果となって表れてくる。これを続けていくと、セルフトークBが、無意識のセルフトークAに置き換わります。

つまり、意識しなくても自動的に「もっとこのチームを良くするには？」という問いが生じ始めるのです。10人のチームの、10人全員がこの状態になったら、間違いなくチームは強くなるでしょう。

まずは、自分のセルフトークA（無意識の問い）を棚卸しすることから始めてください。無意識とはいうものの、振り返れば、自分が自分に何を問いかけているか、なんとなくわかるはずです。

- 今日一日どんな問いかけを多く自分にしただろうか？
- 何を考えていただろうか？
- 思考はどこに向かっていただろうか？

こうして、セルフトークAを棚卸ししたら、セルフトークBとなる、理性的な問いかけを構築してみてください。最高の経営チームをつくるために。

Handbook of TOP MANAGEMENT TEAM

5-2 自分の感情をどう扱うか

前の項では〝思考〟について述べました。

簡単に言えば、それぞれの経営チームのメンバーが、チームを理想的なものにするための問いを自分自身に投げかけ、そのように思考していなければ、経営チームも進化し続けることはないであろう、ということでした。

この項では、思考の次に〝感情〟について述べていきたいと思います。

感情というのは、やっかいな代物です。

たったひとりの個人の内側に生まれた感情が、チーム全体を破壊に導いてしまうようなこともあり得るからです。

ミーティングのときに、誰かの発言によって自分が貶められたと思う。

なんで彼はそういう言い方をするんだ！

小さな怒りが内側に立ち込める――。

こうした感情が怖いのは、それを自分で処理することができないと、その感情が〝フィルター〟となり、そのフィルターを通して、ずっと相手を見ることになることです。相手のちょっとした行為や発言を、そのフィルターを通して見ることで〝彼は自分に対して良くない思いを抱いている〟と感じてしまう。そのフィルターがさらに強いものとなり、次には〝彼は私に敵意を抱いている〟と感じてしまう。

最初のたった1回の〝誤解〟。それによって生まれた小さな心のゆらぎ。

それが結果的には、関係性に対して修復できないまでのダメージを与えてしまうことがあるのです。

心のフィルターが関係性を破壊する

トランプ大統領に関する暴露本は、彼が就任して以来、10冊以上出ているわけですが、その中の1冊に『炎と怒り』（早川書房）という本があります。

この本によると、彼は相手のちょっとした言動から怒りにかられ、その相手を攻撃し続ける。そして、相手との関係性は壊滅的に悪くなっていく。

もちろん政治の世界ですから、一般人には計り知れないことがあるでしょう。また、この本がどこまで真実を書いているのかもわかりません。

ただ、同じようなことは、企業の中でもたくさん見られます。

『東芝の悲劇』（幻冬舎）という本があります。この本には、東芝が不正会計問題を起こし、衰退に向かうに至った、内紛劇が描かれています。

この本も、どれくらい確かなことが書かれているのかはわかりませんが、書いてあることは要するに〝誰かの感情、嫉妬、妬《ねた》み、嫉《そね》み、嫌悪。こうしたものが、すべてを壊してしまう〟ということです。

何千億円という規模のビジネスが、たった一人二人の個人が負の感情を持っただけで、存亡の危機に立たされてしまったのです。

これらの本に書かれているようなことは、めずらしいことではなく、日常的な事象です。23年間エグゼクティブコーチとして、多くの会社の経営チームに関わった経験から、そう思います。

こうした事象の発端は、一言でいえば〝プライドが傷つけられた。許せない〟ということです。

経営チームのメンバーは成功者ですから、良くも悪くもエゴが肥大化しています。ですから、プライドが傷つけられることにとても敏感です。

ちょっとしたきっかけで、怒る。その怒りのフィルターで相手を見始める。そして、仕返しを考える――こうしたことは、テレビドラマの世界だけのことではありません。

経営チームのメンバーは、自分の感情が、大きなマイナスの結果を生み出しうるということを、自覚すべきだと思うのです。

特に、プライドが揺らいだ瞬間に、無自覚でいるのではなく「ああ、プライドが揺れている」と自覚できるかどうか。

感情のゆらぎを自覚できたならば、そこで生まれた感情を〝どう処理するか〟に進むこともできるからです。

自分の感情を処理するスキル

あなたは、自分の感情をどう切り替えているでしょうか？

感情を切り替えられるかどうかは、エグゼクティブにとって、とてもとても大事です。

経営を担う人にとっては、強調してもし過ぎることのないくらい〝持つべき大切なスキル〟ではないでしょうか。

＊　＊　＊

ある私のクライアントである10万人規模の企業のトップは、どんなに夜遅く帰宅しても、剣道の素振りを欠かしません。

会食があった夜でも（ほとんど毎日会食があるそうです）、必ず３００回一心不乱に竹刀を振る。そうして30分でばーっと汗をかく。彼は教えてくれました。

「竹刀を振っているうちに、その日あったことをほとんど忘れてしまうんですよね」

忘れるというのは、もちろん大事な仕事の情報を忘れるということではありません。波打った心が静かになり、平静の状態に戻るということでしょう。

彼は、1日の終わりにこうしたルーティンをつくり、毎日、静かで穏やかな気持ちを取り戻しているのです。

理想は〝感情が起こった瞬間〟にそれと向き合えることです。

以前、ある製造会社の執行役員のエグゼクティブ・コーチングを実施したことがあります。彼は、とても怒りっぽい人でした。

彼とのセッションで尋ねました。

「あなたは、どう自分を怒らせているんですか？」

彼はきょとんとしました。

「怒らせている……？　違いますよ。周りが僕を怒らせるんです」

それに対して、私はこう反論しました。

「もちろん、きっかけは周囲の人ですが、同じことをされても、怒らない人もいますよね。ということは、あなたは他人の言動という刺激を使って自分を怒らせている。どのように怒らせているかを聞かせてほしいんです。野球やゴルフの中継でスーパースローモーションの映像を流すようなことがありますね。あんな感じでステップバイステップで、自分に何が起こるのかを今振り返って教えてほしいのです」

彼は、自分を観察しはじめました。

そして、自分がしていることを発見しました。それは以下のようなことでした。

まず、彼にとって大事な価値観は公平さ、正直さである。

だから、彼は、他の役員の発言に、少しでも自分を守ろうとする意図を聞き取ると、そこに注意が向く。

そうすると、急に視野が狭くなり、呼吸が浅くなるのを感じる。そして、発言している人をじっと見てしまう。

「なんでそういう言い方をするんだ」「そうじゃないだろう」「なんで自分ばかり守るんだ」

「役員の資格があるのか」……。心の内側のセリフが、どんどんエスカレートしていく。

その人物に対して、怒りのフィルターを内側に持つ。そうなると、相手のどんな発言も「また自己防衛か！」となって、それ以外の視点で相手を見られなくなる。

次第に、その相手とは表面的な話しかしなくなり、もちろんそれは相手に伝わる。そして、おたがいの関係はギスギスしはじめる。

彼は、このプロセスを自分自身で振り返ることで、チームの役員に対してだけでなく、部下だろうが、家族だろうが、正直でない発言をする人には毎回、瞬時に同じパターンで自分の内側が動くことを発見しました。

部下が相手なら、直接「なんだ！」と言ったり、家族であれば、例えば娘さんを怒って終わり。だけれども、相手が同僚の役員の場合は、ストレートに言えず、感情だけが内側に溜まってしまう。だから冷戦状態に陥ってしまうことが多い。

直接「ここが気になっている。先ほどの真意を教えてほしい」そう言えれば違うわけです。

コミュニケーションはキャッチボールにたとえられますが、ボールがピンポン玉ぐらいのうちはいいわけです。

これが言わずに溜めておくと質量感が増し、バスケットボールぐらいの大きさになる。そうなってから、いざ投げるともう大変です。相手は大きな衝撃を受け、戸惑い、時に敵意を持つということになりかねません。

感情の扱い方を知る。

1日の終わりに身体を動かし、心の状態を変える。

心で心を変えるのではなく、身体で心を変えたほうが簡単なときもあります。だから、身体を変えて、感情を切り替える。

もしくは、その感情がどのように生成されるのかを一度しっかり立ち止まって観てみる。

そうすると、その感情の生成プロセスに自分で介入できるようになる。

いずれにしても、自分の感情を切り替えることができるというのは、経営チームの一メンバーとして、とても大事な責務ではないかと思うのです。

Handbook of TOP MANAGEMENT TEAM

5-3 ウォント

自分がしたいことを話す

経営チームとして〝何の目的に向かうのか〟〝何を目標として抱くのか〟は当然大事であるとして、さらに大事なのは、メンバーそれぞれの〝未来へのウォント（したいこと）〟です。

「自分は一体何を実現したいと思っているのか？」

経営チームの一員であるわけですから、これも当然問われることなのです。

組織は機械ではありません。

全体としてのゴールを決めて、それを達成するために各パーツが部品としての役割を果たす――これでは組織は活性化しません。

組織はひとつの生命体であり、それを構成する各人はそれぞれの主観を持ち、相互に作用し、影響し合って、全体の動きが生じています。あたかも多くの細胞が複雑に作用し合って全体としてまとまりをつくる人体のように、です。

ですから、一人ひとりの経営チームのメンバーが、決められた中期経営計画に従って、自身がやるべきことを見出すだけでは、組織としては弱いのです。

〝自分自身は何をしたいか〟〝自分は何を実現したいか〟をしっかり探索し、それをベースに周りと相互に影響を与え合う。「これをやりたい」「あれをしたい」という情報をおたがいにぶつけ合う中で、スパークが起き、チームは活性化していきます。

しかし、一般論として、企業役員は、日常的に〝何をすべきか〟を考えています。その結果、自分のウォント、つまり〝何をしたいか〟が靄《もや》に隠れて見えなくなりやすいのです。

自分のウォントにアクセスする習慣をつくる

私自身も、一時、自分のウォントが見えなくなった時期がありました。

創業の頃には、強烈にあったウォントが、日々の忙しさの中に埋没し、やりたいことよりも、やるべきことを中心に身体が動く。

次から次に片付けなければいけない仕事が来るので、充実感はあるものの、ウォントに意識が向かない。

そんな時、ハーレーン・アンダーソンさんというアメリカ人の女性のコーチを受け始めました。彼女は、テキサス州ヒューストンに住んでいるエグゼクティブコーチです。

初めてのセッション。ヒューストンに電話をするとハーレーンが出ました。

「こんにちは、待っていたわ。元気？」

「元気です。これからよろしくお願いします。」

そんなアイスブレークを交わした後、彼女が私に問いかけました。

「あなたのビジョンは何？（What is your vision?）」

その問いかけに対して、まずは、自分の意識の表面にあったことを伝えました。

今年はこういうことをして、来年はこういうことをして、5年後はこうなりたい……。

ハーレーンは、こちらのすべての発言を、とても大切な情報を扱うかのように、丁寧に受け取り、時に驚き、時に感心し、そして「それはどういうことなの？」「もっと聞かせて」と問いを重ねて、私のビジョンをどんどん具体的にしていってくれました。

1時間、私はビジョンを語りました。

幾つかの実現したいことは話しているうちに浮かびました。頭で考えて話したというよりも、「口が話してしまった」そんな感覚を持ちました。

そして、3週間ほどが経ち、再びハーレーンとのセッションがありました。

簡単な挨拶を交わした後、彼女が問いかけました。

「あなたのビジョンは何？（What is your vision?）」

また同じ問いかけか、と思いながら、私は話し始めました。

これをやりたい、あれをやりたい……。また1時間、ビジョンを語りました。前回話したこともあれば、前回話したけれど消えたこともあれば、新しく生まれたこともありました。

それから3週間経って、3回目のセッションです。

挨拶を交わして、そして彼女の問いかけです。

「あなたのビジョンは何？（What is your vision?）」

さすがに聞きました。

「なんで、毎回同じ問いかけをするの？　ひょっとしてずっとこれでいくの？」

それに対して、彼女は次のように答えてくれました。

「経営者というのは、毎日とても忙しいから、ビジョンを語る時間なんてほとんどないのよ。でもビジョンは大事でしょ。エネルギーになるから。私は経営者には、最低1か月のうち、1時間ぐらいは、何の批判も批評もされることなく、自由に未来を話してほしいと思っているの。自由に、大胆に、発想豊かに」

結局3か月ほど、ずっとビジョンを話していました。

すると〝やるべきこと〟ばかりに向いていた意識が、日常的に〝やりたいこと〟を探るようになりました。そして、何よりも自分の中のエネルギーの高まりを感じました。

ビジョンは対話から生まれる

ハーレーンのコーチングから、もうひとつ学んだことがあります。

それは〝ビジョンというのは、孤独な思索の中で生まれるものではなさそうだ〟ということです。つまり、誰かと話す中で、ビジョンは立ち現れてくるのです。

以前雑誌で読んだことがあるのですが、ソニーの創業者である盛田昭夫氏と井深大氏は、創業間もない頃、小さな部屋に机をコの字型に並べて、日がな一日〝ソニーの未来〟について語り合ったそうです。

「どんな製品をつくろうか？」

「どんな会社にしていこうか？」

「アメリカでどんなことをやろうか？」

盛田氏と井深氏の〝間〟に未来はあったわけです。

普段から〝自分のウォントは何か？〟と考える。

〝何を実現したいのか〟を自分に問う。

もやっとした状態でも、自分の中に何らかの種《シード》が見つかったら、周りのメンバーと一緒に未来について話す。

そうすると、もやっとしたビジョンが、よりはっきりしてくる。

そこで「ああ、できた。終わりにしよう」とせず、周りの人と未来について話し続ける。

〝ビジョンは記憶できない〟とも言われています。これはつまり、話すのをやめてしまうとビジョンはだんだん薄くなり、最後は消えてしまうということです。

だから〝ビジョンについて〟〝未来について〟話し続ける必要があるのです。

自分のウォントをはっきりさせようという動きは、他のメンバーのウォントを構築することにもつながります。

そして、気がつくと、チーム全体に、個々のウォントと全体のウォントが知らず知らずのうちにミックスされて広がっていきます。

こうなると、どこまでが〝個のウォント〟で、どこからが〝全体のウォント〟なのか、境界線もあいまいなような状態です。

そうなれば、組織はパーツをただつなぎ合わせた機械ではなく、活き活きと躍動する生命体としての姿を見せるのだと思います。

Handbook of TOP MANAGEMENT TEAM

5-4

シェア
自分が持つものを分け与える

会社というのは、何をもって、その成功を判断したらいいでしょうか？

売上、利益の伸び率、ＲＯＩ……。いろいろありますが、一般的には、やはり時価総額でしょうか。

時価総額が高いというのは、その会社の未来に多くの投資家が期待しているということです。会社にイノベーションを生み出す力があり、それを事業として展開する力があり、他社との競争にも勝つ力がある——。少なくともそうマーケットから見られているということです。

仕事柄、この〝時価総額の高い会社〟を牽引しているトップにお会いすることが、ままあります。

初めてお会いするときは「一体どんな方だろう」と、とてもワクワクしながら対面の時間を待ちます。そして、多くの場合、私の頭の中では〝カリスマ的な牽引力のある力強いリーダー〟を想像しています。

ですが、最近とみに、その想像が外れます。

時価総額の高い会社のトップは、あまりぎらぎらした雰囲気を持っておらず、どちらかというと、穏やかな空気を身にまとった方が多いと感じます。

ギバー——与えるCEOたち

先日も、スタートアップから上場し、今や1兆円を超える時価総額をほこる企業のトップと会いました。とつとつと話す、穏やかな哲学者のような雰囲気の方でした。

彼は言います。

「僕はギバーでありたいと思っています」

テイカー（受け取る人）ではなくギバー（与える人）です。

彼は「自分が開発したアプリを世界中の人に使ってもらいたい」「それによって社会に貢献したい」というギブを大切にしているというのです。

聞くと、役員とは毎週１ｏｎ１のミーティングをし、どうすれば彼らの可能性を引き出せるか考えているそうです。また、自分が外で仕入れた情報を積極的に社内に持ち込み、役員の役に立てるように計らうというのです。

言ってみれば〝シェア〟の精神がとても高く、いかに〝自分がもらえるか〟ではなく〝分け与えられるか〟を考えているのです。

直接会ったことはありませんが、インタビューやプレゼンの動画を見ていると、Ｇｏｏｇｌｅのサンダー・ピチャイ氏も、マイクロソフトのＣＥＯサティア・ナデラ氏も、アップルのＣＥＯティム・クック氏も、「自分が、自分が」という雰囲気をあまり感じさせません。彼らの書いた本を、読むと、例えば、以下のようなセリフがあります。

（役員を前にして）私はこう述べた。私たちは人生の大半をこの仕事に捧げるうちに、そこに深い意味を見出すようになった。だからこそ、それぞれが個人的に持ち合わせている特徴と、マイクロソフトの能力を結びつければ、達成できないことなどないはずだ、と。

『ヒット・リフレッシュ』（日経BP）

強烈なシェアの精神を持ったトップがいれば、かなりその経営チームはうまくいくと思うのです。「自分が取る」ではなく、「チームに与える」という精神がチームの中で共通のものとなるからです。

自分だけうまくいくチームは存在しない

シェアというのは、自分が持っているものを分け与えるということです。自分が持っている情報、ノウハウ、経験……。これらを、いかに与え、シェアできるか。

エゴというのは、簡単に言えば、自分がよくなりたい、自分が手にしたい、という気持ちです。もちろんそれがなくなるわけではないですし、悪いわけではありません。ですが、エゴが強くなると同時に、シェアの精神は反比例して少なくなるように思います。

逆に言えば、シェアの精神が上がれば、エゴは少し抑えられる。個人として、自分がどれだけ、チームの一員としてシェアの気持ちを持ち続けられるかが、とても大事であると思うのです。

何か刺激的なことを体験したときに、美味しい物を食べたときに、ネットで役に立つ情報に触れたときに、それらを〝シェアしたい〟〝チームのメンバーに共有したい〟と、日頃どれだけ思えているでしょうか。

その思いが頻繁に立ち上がるというのは、シェアの気持ちが作動しているということです。

逆に、良い体験をしたときに、チームのメンバーの顔が思い浮かばないというのは、シェアの精神がフリーズしていることです。

結局自分だけがうまくいくということはないわけです。チームは、おたがいに関わり合い、影響し合っているわけですから、周りがうまくいかずに、自分だけがうまくいくこともない。

だから周りをうまくいかせる、そのためにシェアする。

そういう気持ちをメンバーが多く持っていればいるほど、チームは強固になるでしょう。

逆に、みんながテイカーであれば、チームは間違いなく近い将来破綻するでしょう。
あなたのチームのシェア状況はどうでしょうか？

誰でも自分の存在価値は認めてもらいたい。

それは幾つになっても、どれだけ実績を積んだとしても、変わることのない人間の欲求ではないかと思うのです。

Handbook of TOP MANAGEMENT TEAM

5-5 相手から学ぶ

先代と後継者の争いはなぜ起こるのか？

事業承継に絡む、父子の争いを見ることがあります。

メディアはいろいろ書きたて、ストーリーを紹介しますが、本当のところ、どんな背景があって、何が起こっているかは、当人たちにしかわかりません。

ただ、当事者たちの心の奥底で何が起こっているかは、想像に難くないというか、ある程度共通しているものがあるのではないかと思います。

子どもが父のつくったビジネスモデルを否定し、新たなビジネスモデルを立ち上げようとする。父はそれを認めず、役員会で動議を起こされ、解任……。最近も新聞紙上を賑わせたお家騒動がありました。

繰り返し言いますが、本当のところ何が起こったのかはわかりません。

ですが、要するに父は〝自分が作ってきたやり方〟を否定されるということを通して、〝自分の人生〟が否定されたと感じた。

一方、子どもの側からすると、父が言うままに、父がつくり上げたやり方に従うことは、やはり自分の存在価値の否定につながってしまう。

いわば、存在価値と存在価値のぶつかり合いです。

もちろん、父は「会社のために」と言うでしょう。そして、子どもの側も「会社のために」と言うでしょう。

しかし深いところでは〝自分の存在価値を否定されたくない〟という思いが、ど真ん中にあるように思います。なかなか当人はそのようには認めないと思いますが……。

そして、ここの部分でぶつかってしまうと、なかなか和解するのは難しい。

業績にどう反映されたかが、その雌雄を決するとしましょう。しかし、結局どちらに軍配が上がるかは、その後の環境次第で変わるでしょうし、ある程度時間が経ってみなければわからないものです。

もっと言えば、10年20年と経って「あの時の判断はどうだったんだろう」と振り返らなければわからないものでもあります。

そうなると、できることは〝自分の存在価値を守る〃という思考は少し脇に置いて、おたがいに同じ方向を見ながら、一緒に考え、ものを決していくということではないでしょうか。

判断が正しいかどうかは歴史が決めるとして、少なくとも一緒に考え、一緒に探索し、一緒に未来を創造する。

その時に「私の価値を認めろ」が、できるだけ邪魔にならないようにする。そのためには、どんな時でも〝相手から学ぶ〃という姿勢を持つことが大切になります。

おたがいから学ぶ

相手に〝教えてあげる〟ではなく、相手から〝常に学ぶ〟という姿勢を持つ。

相手に学ぼうとアプローチを取れば、相手の存在価値は、あなたの行為によって、その瞬間最高に高められます。だから、相手が憤ることはなくなります。

父は子に、子は父に、相手から学びたいという姿勢で臨む。「教えてほしい」と言って嫌な顔をする人はいないのですから。

その上で、会社のために最善の道は何か、一緒に考える。相手に教えてやろうと思って一緒に考えるのと、相手から学ぼうと思って一緒に考えるのでは、二人の間に起こることに天と地ほどの差が生まれます。

もちろん、父と子、社長と副社長の間だけの話ではありません。チームのメンバー全員が〝相手から学ぶ〟という姿勢を、おたがいに対して持っているのが望ましいでしょう。

まずはあなたから。経営会議で提言してもいいかもしれません。

「〝おたがいから学ぶ〟というのをここでの〝掟〟にしよう」――そのくらい強く言って

もいいかもしれません。

＊　＊　＊

余談ですが、エグゼクティブ・コーチングをしていると、ときに子どものことについて相談を受けることがあります。同族企業の話ではありません。企業の役員から、中学生や高校生の子どものことについて相談を受けるということです。

ある時、夕方にコーチングをしている飲料メーカーの常務から携帯にお電話をいただきました。

「少し相談したいことがあるのですが、明朝お時間いただけないでしょうか？」

次の日の朝、常務は、朝の8時に会社に来てくださいました。

そして、開口一番、

「実は、中学生になる娘が最近あまり自分に話をしてくれない。そういう時期だと言えばそうなのですが、あまりにも閉ざしているように見えて。誰にも相談できず、鈴木さんなら何かヒントをもらえるのではないかと」

もちろん、親子関係は一言二言のアドバイスでどうにかなるようなものではないと思います。

ただ、こういう相談をしてくださるのは一人二人ではないのです。そして、何が起こっているのか背景を聞いていくと、どうも共通項があるようです。

それは、要するに〝親が子どもに道筋を示そうとし過ぎている〟ということです。

親は子どもに失敗をしてほしくないですから、当然「こうしたほうがいい」「ああしたほうがいい」と伝えたくなる。

しかし、それをすればするほど、子どもの行動の否定、子どもの言動の否定、ひいては子ども自身の否定になってしまうのです。

もちろん、躾は必要でしょう。規律も必要でしょう。促しも必要でしょう。

でも、今の時代のコンテクストの中では〝教え過ぎ〟は子どもに〝否定〟と捉えられてしまいます。親の威厳が当たり前に肯定される社会であれば、問題にならないかもしれませんが、今はそうではありません。

だから、子どもから教えてもらう。子どもに学ばせてもらうという意識を持つことです。

高校生だとしても、中学生だとしても、小学生だとしても、子どもに教えてもらう。スマホのこと、アプリのこと、ＳＮＳのこと……。どんなことでもいいから、子どもに教えてもらうのです。

同じように、社長が役員から教えてもらう、役員が部長から教えてもらう、新入社員から教えてもらう――こういう連鎖をつくることができれば、役員や社員の存在価値は大いに高まり、余計なエゴを満足させるために、自分を良く見せようとすることも少なくなるでしょう。

誰からも学ぶ、その姿勢をメンバーが持ったら、きっとすばらしい経営チームとなるに違いありません。

Handbook of TOP MANAGEMENT TEAM

5-6 フィードバックを求める

自分のことは自分ではわからない。上の人には周りから情報が入らない。

ビル・ゲイツ

もうひとつ大事な〝チームを活かす個人のケイパビリティ〟に〝フィードバックを受ける／する〟という能力とスタンスがあります。

ビル・ゲイツ氏が2013年のTEDで、以下のように述べています。

「すべての人にコーチが必要です。(中略)我々は誰しも周りからのフィードバックを受けることが必要で、そうでなければ成長することはできない」

ゲイツ氏は奥様のメリンダさんと教育財団をつくっています。

本来、最もフィードバックを受ける必要があるのに、ほとんどそれを受けていないのは、学校の先生だ――彼は、そう憤っています

先生は、最もフィードバックが必要であるのに、彼らが受けるフィードバックの98パーセントは「可（Satisfactory）」という一言だけ。そんなフィードバックでは、教育の質はよくならないとゲイツ氏は言うのです。

経営者にフィードバックは伝わらない

世の中には、フィードバックが得られにくい人というのがいるわけです。

一般論として言えば、例えば、先生、教授、医者……。いわゆる権威を持った人たちです。そして、想像に難くなく、経営者もそこに入ります。

前に記したように、コックピットに座って、舵取りをする経営者の元には〝会社についての情報〟はたくさん入ります。しかし〝自分（経営者自身）に対するフィードバック〟はなかなか入りません。

会社が大きくなればなるほど、そして、経営がうまくいけばいくほど、フィードバックは経営者に届きにくくなります。成功者であり、しかも人事権を持っているわけですから、下からのフィードバックは入りにくいのです。

誰しも自分のことを自分で見る限界というのがあります。自分を映し出す〝鏡〟がなければ、自分を見ることができません。

よく、エグゼクティブ・コーチングで「自分を潜水艦だと思ってください」と言うことがあります。

真っ暗な海底を航行する潜水艦です。当然、陽の光は届きませんから、ソナーという装置から音波を発して、その跳ね返りを使って自分の位置を確かめます。

つまり、周りからのフィードバックを受け、自分の位置を確認することではじめて〝ここは右に舵を切る〟〝左に向かう〟と判断できるのです。

音波さえ出せば、つまり、フィードバックを求めさえすれば、周りは反響してくれて、自分の位置を知ることができます。

例えば、管理職以上が集まる大会議で、副社長がプレゼンをするとします。

「どうだった？」と周りに一言聞けば「良かった」「悪かった」「ここはもっとこうするといい」などと、そのままでいい点も修正点もたくさん認識することができるでしょう。

ですが、自分のプライドが高いと、そのシンプルな問いを周りに投げかけられない。

そうすると「副社長の話は、なんだかよくわからないよね」「心に響かないよね」「外してるよね」といった批判が陰で流れることにもなりかねません。

ビル・ゲイツ氏が言うように〝すべての人にフィードバックが必要〟で当然、経営者にもフィードバックが必要なわけです。

ですから、まずは経営チームの中でフィードバックを流通させておきたい。簡単には、役員以外からのフィードバックは入ってこないでしょうから、まずは〝潜水艦が岩にぶつからないために〟少なくとも経営チームの中では、フィードバックをする（される）というのを習慣にしたのです。

これは〝気合〟や〝やる気〟の問題ではなく、フィードバックの重要性を心底理解することが大事だと思います。

潜水艦だけでなく、多くの物がフィードバック機能を使って、事を成り立たせています。例えば、エアコンです。エアコンは、25度と温度設定をすれば、それを維持するために、室温というフィードバックを常に還流させながら、温度を機械が調節するわけです。

直接声を聞く

人は〝周りの人〟という環境に働きかけ、相互作用を起こしながら、前に進んでいます。働きかけている人からのフィードバックはもちろん、当人自身もいろいろなことを感じ取っています。

たとえばスピーチの場面。反応が良いか悪いかは、聞き手の顔を見れば分かりますし、当の本人も感知しているはずです。

しかし人間の場合、潜水艦やエアコンとは違って、感知しているものを無視したり、都合よく頭で解釈してしまったりということをします。

「これがわからないのは向こうの問題だ」

「まあ、言うことは言ったから、あとはそれを彼らがどう実行に移すかだ」

「前の役員よりは話がわかりやすいだろう」

それらの解釈の中に〝社員の浮かない表情〟といったフィードバックは埋没してしまい、活かすことができません。

ですから、直接声を聞き〝何が伝わったのか〟〝どう影響したのか〟を知り、自分の解釈を超える必要があります。

こうした相互作用の中でのフィードバック授受の重要性を、理屈で認識していれば、経営チームの中でも、それは活かされるでしょう。

それぞれの役員が会社の顔として、社員に対して効果的に振る舞えるようになるでしょうし、チームの中でフィードバックが頻繁にやりとりされれば、チームががたついたり、傷んでしまうことはないように思います。

「その言い方は全体のエネルギーを下げるよ」

「ちょっと自分の考え方に固執し過ぎに見えるけど」

「全体よりも自分の部門を大事にし過ぎているのではないかな」

こういうことを、おたがいにフィードバックし合えたら、それぞれのメンバーは、ソナーを活かして順調に未来に向かって航行する潜水艦となるでしょう。

チームがよれるのは、相手に対しておかしいとか、変だと思ったことを、口にせず内側に溜め、嫌な発酵をさせる、ということが起点となることが多いわけですから。

さて、まずは、どんなフィードバックを周りの方々にしますか？

誰に自分へのフィードバックを求めますか？

本章のポイント

強い経営チームをつくる個人とは

人はサバイバルのために、常に自分自身に無意識のうちに問いかけ続けている。

意図的に、建設的な問いを自分自身に投げかけることで、無意識の問いを、より建設的なものに置き換えていく。

ネガティブな感情は〝フィルター〟として定着し、関係性を破壊する。

自分の感情の扱い方を知り、1日の終わりに心の状態を整える。

ウォントをぶつけ合うことでチームは活性化する。

自分のウォントは、周囲との未来についての対話によってはっきりしてくる。

周りがうまくいっているからこそ、自分もうまくいく。

どれだけ、周囲の人がうまくいくためにシェアし、ギブできているかを自身に問う。

エゴのぶつかり合いになるか、すばらしいチームとなるかは、学ぶ姿勢に左右される。

誰からも学ぶ姿勢を持つことで、おたがいの存在価値を高めることができる。

経営トップにはフィードバックは入りにくい。

経営チーム内でフィードバックを習慣化するとともに、周囲に働きかけフィードバックをもらっていく。

最後に――危機に陥ったときのリカバリー

本書の最終章では、チームを下支えするメンバーそれぞれの〝ものの考え方〟や〝姿勢（アティチュード）〟について見てきました。これらは、一人ひとりがこういうスタンスで、こういう行動を取っていれば、チームはうまくいくだろうというものです。

一人ひとりがチーム全体を良くする問いを自身に投げかけ、
感情をコントロールすることができて、
ウォントがあり、
シェアの精神を持ち、
相手から学ぶ気持ちを忘れず、
フィードバックを受け、フィードバックする。

これらを怠らなければ、チームは相当高いレベルでファンクションする――23年間のエグゼクティブコーチとしての経験からそう思います。

ただ、チームは時にとてつもなく強烈な嵐に見舞われることがあります。
その時こそ、本当の意味でチームが、そして一人ひとりのメンバーが試される時です。
暴風雨の中でも、果たしてこれらの特性を持ち続けることができるのかが問われます。

業績が急速に悪化し始める。
新型コロナウイルスのような急激な環境変化によって。
あるいは、競合他社が想定を超えるスピードで力をつけたことによって。
あるいは、事故やそれに伴う様々な風評被害によって。
営業利益率が下がり、シェアが下がり、時価総額が下がる。
投資家からはクレームが入り、ユーザーの厳しい意見がSNSに書き込まれる。
チームには動揺が走り、混乱が起き、誰にも方向性が一瞬見えなくなる。

どんな手を打っても、結果がよくならず、無力感がチームに漂い始める。

ある企業では、新型コロナウイルスの影響で一気に業績が悪化しました。それまでは、毎年最高益を更新し、念願だった売上1兆円を突破。時価総額は倍になりました。経営チーム内のメンバー間の関係はとてもよく、ある意味、興奮の中にいました。それが突然の業績の急落です。一気に赤字に転落し、時価総額は急降下。業界他社の落ち込みよりも降下の度合いは激しく、経営チームは慌てました。

緊急ミーティングが繰り返し組まれ、そして、回を重ねるごとに社長の言葉はきつくなっていきます。

「他にリカバリーの案はないのか！」

「スピードが遅い！」

「ちゃんと考えろ！」

社長の言動が厳しくなるにつれ、それぞれが責任を感じてなんとかしようとするものの、社長が叱咤すればするほど、各役員の意識は、どんどん〝会社をどう立て直すか〟ではなく、〝自分の本部をどう立て直すか〟に傾倒していく。

結果を出せない人に対する非難は、社長からだけでなく、役員同士からも起こるようになり、そのトーンは日増しに強くなっていきました。

何年もかけて築き上げた〝良いチーム〟は、あっという間に、ばらばらの個人の集まりに戻ってしまったのです。

敗戦が続くスポーツのチーム、後退を始めた軍隊（あまり良い例ではないかもしれませんが）、お客さんの入らなくなった劇団……。すべて同じです。

逆風が吹き始めた時に、いかに気持ちのつながりを保ち、共創を続けることができるか——それがチームが試される瞬間です。

自分のせいか？ 環境のせいか？

こうした危機のとき、何を大事にすればいいでしょうか？

もちろん想像を超える危機に見舞われている中ですし、単純なソリューションがあるわけではありません。

ただ、おそらくどんなに状況が悪くなっても、これだけは手放してはいけないというマインドセットは〝アカウンタビリティ〟ではないでしょうか。

どんなに〝環境〟が業績悪化の原因のように見えても、「自分たちこそが、その結果をつくりだした」という〝圧倒的なアカウンタビリティ〟をその手に握りしめて放さないようにするのです。

なぜならば、それを新型コロナウイルスのせいにした瞬間に、〝力〟はコロナに渡ってしまい、自分の手元からは〝力〟が失われていくからです。

自分たちがつくり出したと思えば、自分たちのやり方、考え方を変えればいいわけですから〝力〟は自分たちのもの。無力感に苛まれることはありません。

しかし「コロナのせいだ」と思った瞬間に、コロナの力によって自分たちは制圧されたことになり、力は喪失します。

日本経済新聞（2020年4月）のインタビューで、日本電産の永守重信会長が、以下のように述べています。

「40か国以上に工場を持ち、リスクを分散したと思っていたが、部品のサプライチェーンまで思いが完全には至っていなかった。猛省している。もう1回コロナ感染が広がったらどうするのかを考え、数年かけて作り替える」

「50年、自分の手法がすべて正しいと思って経営してきた。だが今回、それは間違っていた。テレワークも信用していなかった。収益が一時的に落ちても、社員が幸せを感じる働きやすい会社にする。そのために50くらい変えるべき項目を考えた。反省する時間をもらっていると思い、日本の経営者も自身の手法を考えてほしい」

この未曽有の危機に直面しても、決して環境のせいにしていません。

ファーストリテイリングの柳井正会長も、同時期の同紙のインタビューで次のように語っています。

「日本企業の多くが国営企業みたいな意識になっていやしないか（中略）世界の良識や英知をもっと頼り、本業でどう貢献できるかを考え、アイデアを世界中に求める。トップが先頭に立ってこの問題に対峙する」

つまり、国の救済を待っても仕方がない。自分たちにできることを考えるんだ、と。

この2社は、端からみていても、コロナ禍という事態に対して、圧倒的に対処し、対応するスピードが速かったように思います。

そして、現状に対応するだけでなく、さらに先の未来に向けて会社を創り変える機会にさえしようとしています。

難局においてこそ〝チームであるか〟が問われる

危機に瀕したとき、いち早く「すべては自分たち次第なんだ」ということを、チームは確認する必要があります。誰一人、チームを外側から見て、批判的に論じないようにするのです。

こういうときに〝外〟に出て〝外〟からものを言うのは簡単です。

「社長のリーダーシップに問題がある」

「専務はわかっていない」

「あの部門のせいだ」

そうではなく〝自分〟がこの事態を生み出した一端を確かに担っているという〝内部参

加者〟としての視点を、全員が持つ。

環境のせいではなく、それは経営チームの責任。ひいては自分の責任、というところに意識を強烈に落とし込む。

〝完全なアカウンタビリティ〟を高く持った人たちの集団になることが、こういうときには何よりも、最も大事である――それを全員で共有するのです。


以前、日本を代表するある電機メーカーが苦境に喘いでいるときに、CEOに就任したA氏にインタビューをしたことがあります。CEOに就任して間もないときでした。

「トップとして何をいちばん大事にしていますか?」

そう問うと、即答してくれました。

「ひとつしかありません。言いたいことがあれば経営会議の場ですべて言うこと。あとになって、本当はあの時俺はこう思っていたんだはなし。そして一度決めたら、全員でそのことにコミットする」

この会社は複数の事業を有するコングロマリット経営をしています。おたがいの利害がぶつかることもあるし、危機を乗り越えようとしても、呉越同舟になりかねない。

だからＣＥＯは言ったわけです。責任は全員にあるんだ、と。誰一人、チームの決定に対して当事者意識を失うことは許されない、と。

その後、この会社はＶ字回復を遂げ、今も日本を代表する企業として輝きを放っています。

負けが込めば、どうしても他人を、環境を、非難したくなります。

ですが、経営チームは、なんと言っても0・25パーセントの人たちです。選ばれた人たちです。

アカウンタビリティを持ち続けることができるはずです。

一人ひとりがアカウンタビリティを失わなければ、チームは力を取り戻すでしょう。

難局を乗り越えることができるでしょう。

結局、難局はひとりでは乗り越えられないのです。

そのときこそ、チームになるべき時です。

目的に立ち戻り、つながりを感じ、共創を起こす。

危機を通過して、チームはさらに強くなるはずです。

経営チームのメンバーは未来に向かって航行する船に一緒に乗っているようなものです。

波が穏やかな時も、荒波のときもある。

思ったように航行できないのを、天候のせいにしても仕方がありません。

環境はいずれにしても変わるわけですから。

あなたが船の上でどういうスタンスを取り、周りの経営チームのメンバーにどう働きかけるか。それがすべてです。

会社の未来が経営チームにかかっているわけですから。

未来を共創する
経営チームをつくる

発行日　2020年12月20日　第1刷

Author　鈴木義幸

Book Designer　krann 西垂水敦・市川さつき（カバーデザイン）
小林祐司（本文デザイン+DTP）

Publication　株式会社ディスカヴァー・トゥエンティワン
〒102-0093　東京都千代田区平河町2-16-1 平河町森タワー11F
TEL　03-3237-8321（代表）03-3237-8345（営業）／FAX　03-3237-8323
https://www.d21.co.jp

Publisher　谷口奈緒美
Editor　原典宏

Publishing Company
蛯原昇　梅本翔太　千葉正幸　原典宏　古矢薫　佐藤昌幸　青木翔平　大竹朝子　小木曽礼丈
小山怜那　川島理　川本寛子　越野志絵良　佐竹祐哉　佐藤淳基　志摩麻衣　竹内大貴
滝口景太郎　直林実咲　野村美空　橋本莉奈　廣内悠理　三角真穂　宮田有利子　渡辺基志
井澤徳子　藤井かおり　藤井多穂子　町田加奈子

Digital Commerce Company
谷口奈緒美　飯田智樹　大山聡子　安永智洋　岡本典子　早水真吾　三輪真也　磯部隆
伊東佑真　王廳　倉田華　榊原僚　佐々木玲奈　佐藤サラ圭　庄司知世　杉田彰子　高橋雛乃
辰巳佳衣　谷中卓　中島俊平　野﨑竜海　野中保奈美　林拓馬　林秀樹　三谷祐一　元木優子
安永姫菜　小石亜季　中澤泰宏　石橋佐知子

Business Solution Company
蛯原昇　志摩晃司　藤田浩芳　野村美紀　南健一

Business Platform Group
大星多聞　小関勝則　堀部直人　小田木もも　斎藤悠人　山中麻吏　福田章平　伊藤香
葛目美枝子　鈴木洋子　畑野衣見

Company Design Group
岡村浩明　井筒浩　井上竜之介　奥田千晶　田中亜紀　福永友紀　山田諭志　池田望　石光まゆ子
齋藤朋子　丸山香織　宮崎陽子　青木涼馬　大竹美和　大塚南奈　越智佳奈子　副島杏南
田山礼真　津野主揮　中西花　西方裕人　羽地夕夏　平池輝　星明里　松ノ下直輝　八木眸

Proofreader　文字工房燦光
Printing　大日本印刷株式会社

・定価はカバーに表示してあります。本書の無断転載・複写は、著作権法上での例外を除き禁じられています。
インターネット、モバイル等の電子メディアにおける無断転載ならびに第三者によるスキャンやデジタル化もこれに準じます。
・乱丁・落丁本はお取り替えいたしますので、小社「不良品交換係」まで着払いにてお送りください。

ISBN978-4-7993-2693-0 © Yoshiyukki Suzuki, 2020, Printed in Japan.

Discover

人と組織の可能性を拓く
ディスカヴァー・トゥエンティワンからのご案内

本書のご感想をいただいた方に
うれしい特典をお届けします！

特典内容の確認・ご応募はこちらから

https://d21.co.jp/news/event/book-voice/

最後までお読みいただき、ありがとうございます。
本書を通して、何か発見はありましたか？
ぜひ、感想をお聞かせください。

いただいた感想は、著者と編集者が拝読します。

また、ご感想をくださった方には、お得な特典をお届けします。